야,
나도 가자!
스페인!

야, 나도 가자! 스페인!

가이드가 소개하는 스페인 여행 100배 즐기기

초 판 1쇄 2025년 02월 26일

지은이 아론의 책
펴낸이 류종렬

펴낸곳 미다스북스
본부장 임종익
편집장 이다경, 김가영
디자인 임인영, 윤가희
책임진행 이예나, 김요섭, 안채원, 김은진, 장민주

등록 2001년 3월 21일 제2001-000040호
주소 서울시 마포구 양화로 133 서교타워 711호
전화 02) 322-7802~3
팩스 02) 6007-1845
블로그 http://blog.naver.com/midasbooks
전자주소 midasbooks@hanmail.net
페이스북 https://www.facebook.com/midasbooks425
인스타그램 https://www.instagram.com/midasbooks

© 아론의 책, 미다스북스 2025, *Printed in Korea.*

ISBN 979-11-7355-090-4 03920

값 **21,000원**

미다스북스는 다음세대에게 필요한 지혜와 교양을 생각합니다.

가이드가 소개하는 스페인 여행 100배 즐기기

Vamos!
España

야,
나도 가자!
스페인!

———— 아론의 책 지음

미다스북스

바르셀로나 보케리아 시장

시체스 마르셀 궁전

세비야 스페인 광장(마차투어 장소)

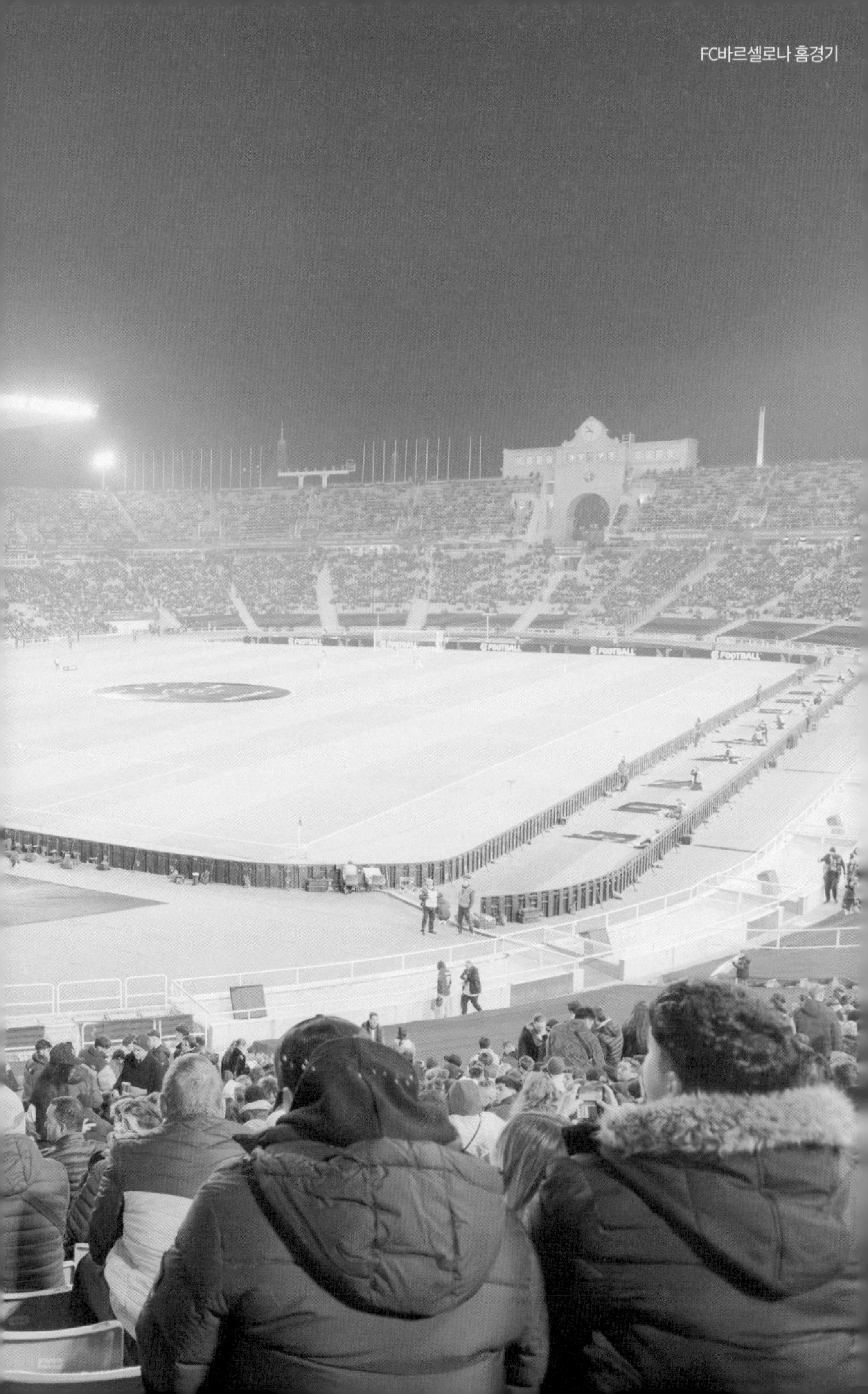
FC바르셀로나 홈경기

Part 1   거리가 예술이 되는 도시, 바르셀로나 *Barcelona*

Part 2 **스페인의 심장, 예술 도시**
마드리드 *Madrid*

Part 3 스페인 속 이슬람 문화,
안달루시아 *Andalucia*

이 책은 현지 가이드 출신인 저자가 스페인의 다양한 도시들을 생생하게 담아내며, 독자들에게 실제로 그곳을 여행하는 듯한 특별한 경험을 제공합니다. 저자는 바르셀로나, 마드리드, 안달루시아 등의 매력을 깊이 있게 탐구하였습니다. 특히 스페인의 역사, 문화, 예술을 통해 독자들에게 큰 풍부한 지식과 영감을 줍니다. 이 책을 통해 우리는 여행의 의미를 재발견하게 되며, 스페인의 숨겨진 매력을 알 수 있게 됩니다. 유럽 여행 및 스페인 여행을 꿈꾸는 모든 이들에게 이 책을 추천합니다.

부아c 작가

행복한 여행을 꿈꾸는
당신에게

2015년의 겨울, 저는 스페인 바르셀로나를 향하였습니다. 한 번도 유럽에 살게 될 것이라고 생각한 적도 없던 제가 스페인 가이드가 되었죠. 중남미에서 2년간 해외봉사활동을 한 경험이 저를 스페인으로 부른 것만 같았습니다.

겨울에 마주한 바르셀로나는 따뜻했습니다. 한국에 매서운 칼바람과는 대조적으로, 바르셀로나는 평온하고 따뜻했죠. 햇살 내리쬐는 람블라스 거리를 걸으며 무명의 예술가들과 대화를 나누다 보니 일상은 여행이 되었습니다. 거리마다 채워져 있는 가우디의 흔적은 그의 건축을 통해 느낄 수 있었죠. 가우디 가로등, 집, 공원, 성당을 마주하며 저도 모르게 말했습니다.

"바르셀로나는, 가우디가 먹여 살리는 도시."

가우디를 빼고는 설명할 수 없는 도시가 바르셀로나였습니다. 그러나, 바르셀로나에 살면 살수록 그렇게 바르셀로나를 정의하는 것이 얼마나 편협한 것인지 알게 되었죠. 사랑하면 알게 되고, 알게 되면 보이 나니, 이전과는 다름을 살면서 배웠습니다. 여행자의 시각을 넘어 사는 자의 시각으로 바라볼 때, 바르셀로나는 제게 스치는 인연이 아니라 사랑이 되어주었습니다. 이 책에 그 마음을 기록하였습니다. 제가 보고 듣고 느낀 모든 것들을 여행자의 시각에서 사는 자의 시각까지 글로 남겼습니다.

마드리드에 대해 사람들은 오해합니다. 바르셀로나에 비하여 볼 것이 없는 도시라고 평하기도 하죠. 하지만 마드리드에 살게 되면서 알게 되었습니다. 바르셀로나보다 할 것이 훨씬 많은 곳이 마드리드라는 사실을.
여행자의 입장에서 보면 그저 화려하고 멋진 건축이 가득한 바르셀로나가 더 매력적이라고 느낄 수 있습니다. 바다와 산의 어우러짐과 풍부한 식자재는 바르셀로나를 더욱더 사랑스럽게 만듭니다. 하지만, 그림을 사랑하는 저에게는 바르셀로나보다 마드리드가 더 매력적으로 느껴졌습니다.
특히 스페인의 정치, 경제, 사회, 문화, 역사를 배우기에 마드리드보다 더 좋은 도시는 스페인에 존재하지 않았습니다. 1561년 스페인의 수도가 마드리드가 된 이래로 스페인의 중심은 마드리드였죠. 그리고 그곳에 인재와 물자들이 모여들었습니다. 그 시간들이 모여 스페인의 역사를 이루었습니다. 그것을 확인할 수 있는 곳이 프라도 미술관입니다.
사람들은 그림을 보기 위해 프라도를 찾지만, 저는 스페인을 찾기 위해 프라도를 찾았습니다. 왜 스페인이 무적함대라 불리고, 세계를 제패한 국가였는지 그림을 통해 알게 되었죠. 그리고 그림들을 통해 한 가지를 깨달았습니다.
"그림은 진실을 반영한 거짓."

피카소가 왜 그림이 진실을 반영한 거짓이라고 말했는지, 저는 프라도 미술관에 있는 그림을 보며 깨달았습니다. 그림이 존재하는 이유는 아름다운 것을 기록하기 위함도 있지만, 그보다 본질적인 것은 그 시대의 정신과 사상을 화가만의 방식으로 표현하는데 있습니다. 글의 자간과 행간에 작가의 의도가 담겨 있듯이, 화가의 그림 속 여백과 시선처리에는 의도가 있습니다.

독자에게 끊임없이 상상력을 불러 일으키는 장치들이죠. "다만 그것을 인식하는가? 인식하지 않는가?"의 개인차가 발생할 수 있습니다. 이 개인차가 그림을 흥미롭게 보느냐, 지루하게 보느냐에 영향을 미칩니다. 그래서 가이드는 여행자에게 그 간격을 좁혀주는 역할을 수행하여야 합니다. 이 책도 그러한 목적으로 쓰였습니다.

마드리드는 프라도 미술관을 닮아 있습니다. 스쳐보면 평범한 도시이지만, 멈추어서 자세히 보고 오래 보는 순간 볼 것이 넘치는 도시가 됩니다. 프라도 미술관도 마찬가지입니다. 미술관 안에 있는 그림을 스쳐보면 예쁜 그림입니다. 가볍게 지나칠 그림이 넘쳐 납니다. 하지만, 그 그림을 그리게 된 동기와 화가의 마음을 이해하는 순간, 그 그림은 영원히 잊혀지지 않는 명작이 됩니다.

안달루시아는 스페인에 피어난 이슬람의 이야기입니다. 유럽에서 스페인만큼 독특한 국가는 존재 하지 않습니다. 그 이유는 스페인에 다양성 때문입니다. 그리스 로마 문화, 이슬람 문화, 가톨릭 문화까지 함께 공존했던 유일한 국가입니다. 그 혼종의 기록이 아름답게 새겨진 곳이 알함브라 궁전이고 세비야 대성당입니다.

세계인들에게 아름답게 평가받는 안달루시아의 건축물들은, 누군가의 피와 땀으로 만들어진 장소입니다. 동시에 문명의 지배자가 바뀌면서 변주된 역사의 흔적입니다. 그리스 로마의 힘이, 고트족에게 넘어가고, 고트족의 힘은 이슬람에게 넘어갔습니다. 그리고 800년간 이슬람과의 전쟁을 통해 가톨릭 세력은 1492년 스페인 영토를 완전히 되찾았습니다.

그것을 이룬 인물이 스페인 최고의 국왕 '이사벨'입니다. 그리고 그녀와 함께 스페인을 해가 지지 않는 제국으로 만든 인물이 '콜럼버스'입니다. 그 찬란했던 역사를 세비야는 품고 있습니다. 왜냐하면 대서양에서 들어오는 배들이 정박할 수 있는 강이 세비야에 존재하였기 때문입니다. 수많은 보석, 향신료, 황금까지 세비야에 과달키비르강을 통해 들어왔습니다. 황금의 도시 세비야에 황금 20톤을 녹여 만든 황금제단이 세비야 대성당에 있습니다. 그래서, 세비야는 스페인 최고의 전성기를 느낄 수 있는 멋진 도시입니다.

바르셀로나, 마드리드, 안달루시아 이 정도면 스페인을 충분히 이야기하지 않았을까요? 누군가는 스페인을 충분히 여행하였다고 말할지 모릅니다. 하지만 아직 끝나지 않은 스페인 이야기가 있습니다. 소중한 사람에게만 소개하고 싶을 정도로 매력적이고 사랑스러운 스페인의 소도시들. 그곳에서 경험했던 영화 같은 순간과 추억들을 책에 기록하였습니다.

저는 독자들이 이 책에 프롤로그를 읽을 때, 가슴이 두근거렸으면 좋겠습니다. 제가 스페인을 생각할 때 가슴이 두근거리고 그리운 것처럼 말이죠.

2020년 코로나 바이러스가 전세계를 덮지 않았다면, 저는 여전히 그 땅에서 가이드를 하며 살고 있었을 것입니다. 코로나로 스페인을 떠나야만 했지만, 그 시간을 통해 저는 작가가 되었습니다.

이 책을 출간하기 위해 2024년 12월, 스페인을 다녀왔습니다. 여행을 준비하는 분들에게 조금이라도 더 많은 유익한 정보를 드리고 싶었기 때문입니다. 그 마음이 이 책에 잘 담겼으면 좋겠습니다. 그래서, 스페인을 여행하는 분들이 이 책을 통해 행복하셨으면 좋겠습니다.

Part 1

거리가 예술이 되는 도시, 바르셀로나 *Barcelona*

1

숨이 멎을 만큼 아름다운 빛의 공간

: 카탈루냐 음악당

    스페인 바르셀로나는 가우디가 먹여 살린다는 말이 나올 정도로 가우디의 영향력이 엄청난 도시입니다. 하지만 저는 세계에서 가장 아름다운 음악당에 가서 그러한 생각을 하지 않게 되었습니다. 그 장소는 Palau de la Musica Catalana(빨라우 데 라 뮤지카 카탈라나, 카탈루냐 음악당)입니다. 그리고 이 작품을 만든 건축가의 이름은 '몬타네르' 입니다.

    가우디가 활동했던 당시에는 훌륭한 건축가가 많았습니다. 카다팔치, 몬타네르, 비야르 등의 건축가는 가우디 못지않게 유명했던 건축가들이었습니다. 그리고 이들의 건축 대결이 벌어진 장소가 그라시아 거리입니다. 바르셀로나에 가장 돈이 많은 부자들이 최고의 건축가를 섭외하여 멋진 집들을 만든 곳이지요.

    까사밀라, 까사바트요, 까사아마트예르, 까사예오모레라 등이 대표적이지요. 그중 가장 유명했던 건축가가 카탈루냐 음악당을 만든 몬타네르입니다. 그는 바르셀로나 대학교 건축학부 교수였고 가우디를 가르쳤던 스승이기도 합니다. 그런 그가 왜 카탈루냐 음악당을 만들었을까요?

    19세기 중반부터 철강산업과 무역업으로 바르셀로나는 부를 축적하였습니다. 바르셀로나 시민들은 경제력을 바탕으로 카탈루냐의 정치 독립과 문화 부흥을 이루고자 하였습니다. 그 중에 한 사람이 몬타네르였죠. 그러한,

바르셀로나 시민들 노력의 결실 중 하나가 카탈루냐 음악당입니다. 카탈루냐 문화 운동을 이끈 시민 합창단 오르페오를 위해 지어진 건물이죠.

이곳은 바르셀로나의 기업가와 귀족들이 자발적인 기부금을 모아 건축하였기에 시민들에게 큰 의미를 지닌 곳입니다. 즉, 카탈루냐 지역의 정치적 독립과 문화 부흥운동을 이루고자 하는 목적이 세상에서 가장 아름다운 음악당이 만들어진 이유입니다.

'카탈루냐 음악당'이 왜 세계에서 가장 아름다운 음악당인지 살펴보겠습니다. 건축물에 입구를 파사드라고 하는데요, 음악당 파사드에는 바흐, 베토벤, 바그너 등의 유명 작곡가들 흉상이 장식되어 있습니다. 장식을 통해, 우리가 들어가는 이 공간이 음악의 전통을 이어주는 장소라는 걸 느끼게 합니다.

수많은 외부 조각 중 가장 중요한 조각은 '카탈루냐의 노래'입니다. 음악의 여신 뮤즈를 중심으로 수많은 카탈루냐 시민이 함께 모여 있습니다. 이와 같은 모습을 통해 카탈루냐 사람들이 음악당의 주인임을 말하고 있습니다.

뮤즈와 시민들 조각(까딸루냐음악당)

장미와 백합과 같은 모자이크 타일 장식을 보면, 가우디처럼 몬타네르도 자연에서 예술적 영감을 받았다는 것을 알 수 있습니다. 이러한 자연의 영향을 받은 장식을 카탈루냐 모더니즘이라 불렀습니다. 실내 공간은 너무나 화려해서 입을 다물 수가 없습니다. 형형색색의 모자이크 타일과 스테인드글라스 장식들을 보고 있으면, 동화 속 왕궁에 와 있는 착각을 불러일으키죠.

가우디 못지않은 상상력으로 만든 섬세한 꽃무늬 배열을 보면서, 몬타네르의 꼼꼼함과 정교함을 느낄 수 있습니다. 제가 그 공간에 들어가서 보고 느낀 것 중 하나는 건축이 사람과 분리되지 않고 하나로 조화를 이룬다는 것이었습니다. 건축 내부에 들어가서 살아 있는 유기체처럼 느낀 것은, 바르셀로나에서 가우디와 몬타네르뿐이었습니다. 그만큼 자연을 깊이 연구하고 건축에 형태로 잘 표현한 것이라 생각합니다.

자연주의 타일 조각(까딸루냐음악당)

하지만, 지금까지 이야기한 감동은 서론에 불과합니다. 정말 큰 감동과 하이라이트는 2층의 장엄한 콘서트홀에 들어가면 마주하게 됩니다. 화려한 푸른 황금색의 둥근 스테인드글라스 천공사광(천장에 낸 채광 창)이 뿜어내는 빛이 숨을 멎게 할 정도로 아름답습니다. 이곳은 햇빛을 천연 조명으로 사용하는 공연장인데요, 유럽에서 스테인드글라스와 창문을 통해 들어오는 자연광을 조명으로 삼은 유일한 음악당입니다.

2층 메인 음악당(까딸루냐 음악당)

위를 올려다보면, 천사들의 합창단을 의미하는 여자 40명의 머리로 둘러싸여 있는 모습은 신비 그 자체입니다. 그리고 오케스트라 공연이 시작되는 순간 뿜어져 나오는 에너지는 그곳에 있는 모든 사람을 흔들기에 충분합니다. 특별히 2층 앞 열에 앉아 공연을 보게 되면, 공연자들의 섬세한 목소리에 떨림과 표정까지 느낄 수 있습니다.

카탈루냐 음악당은 1908년 건축이 완성된 후, 1997년 유네스코 세계문화유산에 지정된 곳입니다. 이 곳은 규모가 크지 않습니다. 그래서 공연자와의 거리가 가깝고 음악을 더 깊이 느끼기에 좋습니다. 그리고 이 음악당이더 아름다운 이유는, 몬타네르의 따뜻한 마음 때문입니다.

그가 음악당을 완성하고 티켓을 판매한 시기에는 금액이 저렴했습니다.

그래서 많은 관련자들이 금액을 올리자는 제안을 했습니다. 하지만 몬타네르는 많은 사람이 부담 없이 음악을 즐기었으면 좋겠다는 이야기를 통해 제안을 거절했습니다. 그래서 현재까지도 다른 음악당에 비해 카탈루냐 음악당은 금액이 저렴한 편입니다.

세계에서 가장 아름다운 음악당, 카탈루냐 음악당을 방문하여 바르셀로나의 문화적 자부심을 느껴보세요.

2

곡선의 예술이 살아 숨쉬는 공원

: 구엘 공원

세상에서 가장 동화 같은 공원 하나를 선택해야 한다면, 저는 주저 없이 구엘 공원을 선택할 것입니다. 스페인이 낳은 최고의 건축가 가우디가 만든 작품으로 바르셀로나에서 가장 유명한 명소입니다. 그런데 왜 가우디 공원이 아니고, 구엘 공원이라고 이름이 만들어졌을까요? 그 이유는 가우디의 후원자 구엘의 요청을 통해 건축이 만들어졌기 때문입니다.

가우디는 대학을 졸업하던 시기에는 유명하지 않은 건축가였습니다. 하지만 그가 만든 가구 장식을 보고 마음에 들었던 구엘이라는 인물이 그에게 관심을 갖게 된 거죠. 관심은 만남으로 이어졌고, 구엘은 가우디의 독창적인 아이디어를 마음에 들어 하였습니다. 그래서 가우디를 자신의 가문에 건축가로 선택하게 됩니다.

두 사람의 인연은 구엘이 죽는 날까지 이어지게 되면서, 가우디는 평범한 건축가에서 위대한 건축가로 성장할 수 있었습니다. 가우디의 훌륭한 아이디어와 건축에 대한 열정도 중요하지만, 후원자가 없었다면 지금의 가우디가 존재하기는 어려웠을 것 같습니다. 가우디와 구엘의 관계를 통해서 예술가는 홀로 설 수 없고 후원자를 만나야 자신의 가치를 증명할 수 있음을 알게 됩니다.

구엘 공원은 어떤 배경을 가지고 만들어졌을까요? 구엘 공원의 시작은 영국에 방문한 구엘의 아이디어에서 시작합니다.

"영국에는 멋진 공원들이 참 많아. 바르셀로나에도 만들어보면 좋을 것 같은데, 먼저 가우디와 이야기를 해봐야겠어."

그는 영국 출장을 마치자마자 가우디를 찾았고, 영국에서 보았던 공원보다 훨씬 더 멋진 전원주택 단지를 만들어 보자고 가우디에게 이야기하였습니다.

가우디는 구엘의 이야기를 듣고 기쁘게 참여합니다. 1900년부터 1914년까지 바위투성이였던 산을 깎고 다듬으며, 멋진 전원주택단지를 건설하죠. 가우디와 구엘은 꿈을 꿉니다. "바르셀로나에서 가장 아름다운 전원주택단지를 만들어보는 거야. 문을 열고 나가면 새들의 지저귀는 소리와 따뜻한 햇살을 만끽할 수 있는 테라스도 만들어보자. 푸른 바다에 비치는 하늘을 보며 하루를 시작할 수 있게 된다면 얼마나 좋을까."

두 사람의 꿈은 황량했던 땅에 생기를 불어넣었고, 누구도 상상하지 못한 동화 같은 마을을 만듭니다. 그런데… 모든 것이 잘될 것이라고 생각했던 것은 두 사람의 기대였을까요? 30여 채에 가까운 집들이 분양될 거라는 기대와는 달리 실제 분양은 3채밖에 되지 않았습니다.

구엘, 구엘변호사, 가우디… 멋진 아이디어와 열정이 빚어낸 구엘 공원은, 그들만 사는 세상이 되어버린 셈이죠. 왜 그랬을까요? 그 이유는 구엘 공원이 조성되었던 당시에 신도시로 가장 인기가 있었던 곳은 그라시아 거리였기 때문이었습니다. 많은 부자는 땅값이 오르고 교통이 편리한 곳에 거주하고 싶어 했습니다. 그래서, 구엘 공원에 관심이 없었습니다. 구엘 공원은 아름답기는 했지만, 사람들이 살기에 불편하였죠. 물을 구하기 어려웠던 것도 또 하나의 이유이기도 하고요.

결과적으로 100년을 앞선 두 사람의 '구엘 공원'은 실패로 돌아갔습니다. 하지만, 그 실패가 세상에서 가장 아름다운 공원이 되게 하였습니다. 그러면 본격적으로 구엘 공원의 내부의 공간을 소개하겠습니다. (가우디 시점)

나는 늘 구엘을 존경했다. 그는 20대 초반의 경험 없는 건축가였던 나를 바르셀로나에서 가장 유명한 건축가로 만들어주었다. 나는 나만의 철학이 있었고 실력이 있었지만, 외골수적인 사람이었다. 아마도 나의 그런 모습 때문에 대학교 때 교수님들이 나를 싫어했던 것 같다. 특히 로젠 학장님은 나를 정말 싫어하셨다. 어떻게 나에게 그런 심한 말을 졸업식 날 하셨는지 지금도 그 말을 잊지 못하고 있다.

"오늘 내가 정신 나간 사람에게 졸업장을 주는지, 천재에게 주는지 모르겠습니다. 시간이 지나면 알게 되겠지요" 수많은 교수님과 학생들 앞에서 창피를 주었던 학장님의 말은 이제 누구도 기억하지 않는다. 왜냐하면 지금 나는 바르셀로나에서 가장 유명한 건축가이기 때문이다.

사실, 대학졸업 후 바르셀로나에서 누가 나를 고용해 줄 거라고 크게 기대하지 않았다. 그저 작은 일이라도 맡겨준다면 정말 최선을 다해 일하고 인정받으려고 생각했었다. 그때 내가 만든 장갑 선반대 하나가 구엘 백작의 눈에 띄면서, 인생이 변하게 되었다.

"가우디 나는 자네의 독창적인 생각이 마음에 든다네. 우리 가문의 건축가로서 일해보는 것은 어떤가?"

나는 그의 말을 들었을 때, 심장이 터질 것처럼 뛰었다. 머리는 새하얘지고 어떻게 감사함을 표현해야 할지 잘 몰랐다. 그런 나에게 그는 다가와 악수하고 안아주었다. 그는 귀족으로서 나를 대하지 않았고 친구로서 나를 아끼고 지원해 주었다. 그와 함께 일하는 것은 나에게 행운이고 행복이었다.

구엘 저택, 구엘 성당, 구엘 공원까지 함께 만드는 과정에서 돈 걱정을 하지 말라고 말해주었을 때, 나는 새가 날아오르듯이 자유롭게 일할 수 있었다. 그리고 지금 구엘 공원을 만들면서, 힘든 일도 많았지만 감사하는 마음으로 공사를 진행 중이다.

나는 구엘 공원 후문 쪽에 살고 있다. 아버지와 조카딸이 얼마 전까지 함께 살았지만, 지금은 모두 내 곁을 떠났다. 그 쓸쓸함과 고독을 신과 자연을 통해 위로 받고 있다. 슬픈 이야기는 이제 그만하고, 구엘 공원을 산책하며 공사 현장이 잘 진행 중인지 확인해 보아야겠다. 벤치가 있는 중앙광장을 향해 가다 보면 동그라미 돌들이 보이는데, 그것은 로사리오 묵주를 상징한다. 나는 이 현장을 지날 때마다, 하나님이 허락한 하루에 감사하며 기도한다.

"선생님 나오셨나요? 말씀하신 대로 105도 각도로 벤치를 만들었습니다." 인부 중 한 명이 다가와 말을 건넨다. 나는 말없이 벤치에 앉아 본다. 허리, 어깨, 목이 모두 편안하게 느껴진다. 인체공학적으로 설계한 것을 다들 잘 따라 주었다. "정말 잘했네. 그나저나 내가 베네치아에서 주문한 타일들은 어디에 있는가?" 인부들은 베네치아에서 온 타일들이 있는 곳으로 나를 안내한다.

나는 도착하여 상품을 확인하였다. 그리고 그대로 바닥에 떨어뜨려 버렸다.

"와장창 창창."

"아이고 선생님 왜 그러시는 거예요. 이게 돈이 얼만 줄 알고 이러시는 겁니까?"

"이제 이것들을 벤치에 붙이도록 하게. 트렌카디스기법(깨진 조각을 퍼즐처럼 다시 붙여 곡선 벤치에 표현)으로 꾸며야 한다네. 깨지는 것은 부족한 것이 아니라 새로운 것을 발견하기 위함이네. 우리는 창조하지 않는다네, 자연에서 발견할 뿐이지."

"선생님, 알 수 없는 어려운 말씀하지 마시고 어떻게 붙이는지 알려주셔야죠."

도마뱀과 델포이신전(구엘 공원)

야, 나도 가자! 스페인!

나는 메아리처럼 들리는 인부의 말을 뒤로한 채, 도리아식 기둥이 있는 곳을 향한다. 그리스 신화를 좋아했던 구엘을 위해 델포이 신전의 형태와 유사하게 만들었다. 신전 앞에 있는 도마뱀의 모습도 그리스 신화 속 퓨톤을 상징하는 의미가 있다. 이러한 건축과 장식은 구엘의 취향을 존중한 나의 세심한 배려였다.

도마뱀 분수 아래에는 카탈루냐 깃발과 용을 만날 수 있다. 사람들은 나를 스페인 건축가라고 말하지만, 그것은 완전히 잘못된 말이며, 실례되는 말이다. 나는 카탈루냐인이다. 그래서 카탈루냐 말을 하고 살아간다. 나는 카스티야(스페인어) 어를 사용하지 않는다. 그것을 분수대 장식을 통해 분명히 표현하고 있다.

성조르디 신화의 용과 카탈루냐 깃발을 통해 나의 정체성과 구엘의 정체성 모두를 밝힌 셈이다. 우리 둘은 모두 카탈루냐 사람들이고, 카탈루냐 모더니즘의 정신에 근거하여 건축과 장식을 꾸미는 것이다. 나의 모든 작품은 스페인을 위해 만든 것이 아니라, 카탈루냐를 위해 만든 것임을 분명히 밝히고 싶다.

"가우디 선생님 지금 여기서 뭐 하세요? 저희가 만드는 것 좀 봐주세요!" 인부들이 깨진 타일을 만드는 것을 가만히 지켜본다. 영 못마땅하다. 그들에게 다가가 몇 번의 시범을 보여주고 과자집에 들어가 경비원에게 말을 건넨다. "잘 지내고 있는가?"

"선생님 나오셨나요? 가우디 선생님이 만들어 주신 과자집에서 잘 지내고 있습니다." 과자 집 안에 있는 경비원은 반갑게 내게 다가와 손을 잡으며 안부를 묻는다. 잠시 그와 이야기를 나눈 뒤 문밖을 나선다.

람블라스거리에 있는 리세우극장에서 헨젤과 그레텔 공연을 보았다. 그곳에서 아이디어를 얻어 구엘 공원 과자집을 만들었다. 벽 부분은 구운 쿠키 같고 지붕에 하얀 타일 조각들은 생크림처럼 느껴진다. 위에 3D 입체 십자가는 하나님을 향한 작품이다. 하늘에서 보아도 완벽한 십자가의 모습으로 보이도록 만들었다. 내가 오늘도 살아가는 이유는 그가 나와 함께 하시기 때문이다.

파도 동굴(구엘 공원)

파도 동굴을 향하며 미소를 짓는다. 류마티스 관절염으로 무릎은 아프지만 작품을 보며 있었던 일화가 떠올라 나도 모르게 웃게 된다.

"선생님 그냥 싹 다 밀어버리면 되는 걸 왜 어렵게 하십니까?"

"자연을 훼손하지 않는 방향으로 건축하는 것이 이 공간을 더 가치 있게 만드는 방법일세."

구엘 공원을 설계하고 실행할 때, 등고선을 따라 진행하여 자연을 훼손하지 않는 방향으로 건축하였다. 그것이 동료들을 불편하게 하였지만, 구엘 공원을 가치 있게 만드는 일이었다.

"선생님 여기 있는 돌은 다 버리면 되나요?"

"버리기는 왜 버리나, 잘 모아두게나. 쓸 데가 다 있다네."

공사를 하며 나온 돌들을 버리지 않았다. 그것을 가지고 파도를 형상화하는 동굴도 만들고, 회오리바람도 만들었다. 원래 이 공간에 주인이었던 돌을 다양한 장식을 통해 다시 근원으로 돌아가게 하였다. 자연은 열려있는 책이기에 우리는 날마다 새로운 것들을 발견할 수 있다.

"가우디 자네 여기 있었나"

"구엘백작님 무슨 일이 있으신가요?"

구엘백작은 반갑게 내게 손을 흔들며 나를 그의 집안으로 안내한다. 김이 모락모락 피어오르는 따뜻한 커피를 마시며 앞으로 펼쳐질 바르셀로나 미래에 대한 이야기를 나누었다. 이제 70이 넘어가는 그였지만 여전히, 처음 만났던 그날처럼 열정적인 모습이다. 구엘백작처럼 호기심 많고, 늘 배우려고 하는 사람은 언제나 청춘처럼 느껴진다.

그를 방에 남겨두고 다시 광장을 향한다. 노을이 바다에 비치는 그 시간 내가 사랑하는 성가족 성당이 눈부시게 빛나고 있다. 신은 서두르지 않는다. 그래서 나도 서두르지 않는다. 초심을 잃지 않고 매일을 마지막인 것처럼 최선을 다해 성당 건설을 이어갈 뿐이다. (가우디 시점 끝)

구엘 공원은 가우디와 구엘의 카탈루냐 지방을 사랑하는 마음으로 만들어졌습니다. 그러한 마음이 건축과 조형물 가운데 새겨져 있음을 확인할 수 있습니다. 사랑하면 알게 되고 알게 되면 보이게 됩니다. 이전과는 다름을 말이지요. 제가 쓴 글을 읽고 직접 구엘 공원에 방문하여 벤치에 앉아 보시고, 도마뱀 마스코트와 추억의 사진도 남겨 보세요.

그 시간을 통해 자연을 사랑하고 사람을 배려한 가우디를 만나 보시길 바랍니다. 그리고 구엘의 집이 학교로 활용되는 모습을 통해 유네스코 세계유산에서 자라나는 아이들의 꿈도 만나 보셨으면 좋겠습니다.

벤치에서 바라본 구엘 공원과 바르셀로나 (구엘 공원)

3

구상에서 추상으로 변화하는 피카소의 그림 세계

: 세계 최초의 피카소 미술관

현대 미술의 아버지 피카소는 1881년 스페인 말라가에서 태어났습니다. 태어나서 처음으로 한 말이 '연필'이었다는 일화가 있을 정도로 미술을 사랑한 사람이죠. 그런 피카소가 미술을 배울 수 있었던 것은 아버지 덕분이었습니다.

미술 교사였던 피카소 아버지는 아들의 재능에 감격하며, 자신의 붓과 미술도구를 모두 다 주기까지 하였습니다. 그 흔적들을 찾을 수 있는 그림이 바르셀로나 피카소 미술관에 있습니다.

1963년 개원한 바르셀로나 피카소 미술관은 현재, 4200여 점이 넘는 피카소 작품을 소장 중입니다. 초기에 개원하던 당시에는 이름을 사바르테스 미술관으로 불렀습니다. 왜냐하면, 피카소와 프랑코의 사이가 좋지 못했기 때문입니다. 부득이하게 피카소의 비서이자 친구였던 사바르테스의 이름으로 미술관을 시작하게 되었죠.

사바르테스는 3세기경에 귀족이 살았던 집을 사들여 미술관의 형태로 만들었습니다. 그래서 고풍스러우면서 세련된 느낌을 동시에 받게 됩니다. 미술관 그림도 예술이지만, 미술관 자체도 예술이라 할 수 있습니다.

바르셀로나 피카소 미술관은 피카소가 살아 있을 때, 만든 최초의 미술관입니다. 사바르테스는 피카소의 고향인 말라가에 최초의 미술관이 세워지는 것이 더 의미가 있다고 생각하여 추진 중이었죠. 그러나, 피카소는 바르셀로나와 자신의 인연이 더 깊음을 강조하며 변경을 제안하였습니다.

결국, 피카소의 의견을 존중한 그의 친구에 의해 세계 최초의 피카소 미술관이 바르셀로나에 만들어지게 되었죠. 동시에 그의 생전에 만들어진 유일한 미술관이라는 의미도 가지고 있는 공간입니다. 그렇다면 바르셀로나 피카소 미술관은 어떠한 작품들을 중점적으로 보면 좋을까요? 내부에 있는 작품들을 소개하겠습니다. (피카소 시점)

엄마는 주황. 아빠는 파랑. 내게 우리 부모님은 색깔로 기억된다. 엄마는 한없이 자애로운 표정으로 나를 칭찬하고 격려해 주셨다. 아버지는 엄격하게 늘 나를 가르치려 하셨다. 나는 전혀 다른 성격의 부모님 사이에서 그림을 그렸다. 그리고 나의 감정을 색에 담았다. 엄마는 언제나 따뜻하게 그렸고, 아빠는 차갑게 그렸다. 10대 때 그린 나의 그림 속에는 부모님을 향한 나의 감정이 그대로 묻어난다.

내가 싫어했던 그림 중 하나를 사람들은 무척이나 좋아한다. 그 그림은 1897년 16세에 그린 '과학과 자비'이다. 과학과 자비는 의사와 수녀라는 두 명의 인물 사이에 있는 환자의 손을 통해 주제를 드러내는 그림이다. 의사가 진맥하는 손은 파랗게 시들어가고 수녀가 건네는 찻잔 쪽에 환자 손은 생기가 돈다. 이와 같은 대조를 통해 죽음 앞에서 과학이 대신할 수 없는 종교의 중요성을 느끼게 한다.

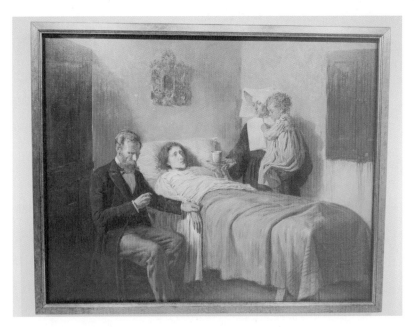

과학과 자비(피카소 미술관)

　물론, 이 그림은 내가 그리고 싶어서 그린 그림이 아니다. 아버지가 종교화를 그려야 스페인 그림대회에서 입상할 수 있다고 하여 아버지가 시키는 대로 그렸던 그림이다.

　나는 사실 종교화나 아카데미즘 그림에 별로 관심이 없다. 그러한 그림들은 이미 세상에 차고 넘친다. 나는 나만의 개성이 있는 그림을 그릴 때 살아 있다고 느낀다.

　이 그림 덕분에 나는 마드리드에서 상을 받고 스페인 전역에서 이름이 알려지게 되었다. 그 이후에 마드리드 왕립 미술원에서 교육받는 기회를 얻었지만, 정말 나랑은 안 맞는 곳이었다. 후배 화가인 달리 역시도 이 학교의 구습에 질려서 자퇴한 걸로 알고 있다. 우리 두 사람은 구애 받지 않고 그림을 그리는 사람들이라 아카데미 학교들은 딱 질색이다.

마드리드에서 유일하게 내가 사랑한 곳은 프라도 미술관이었다. 엘 그레코, 벨라스케스, 고야 등 스페인 최고 화가들의 그림을 끊임없이 관찰했다. 그들의 그림을 마음속에서 해체하여 나만의 것으로 만들기 위해 왕립 미술학교에 가지 않고 프라도 미술관을 찾아갔다. 그러한 행동이 나와 아버지의 관계를 악화시켰다.

"네 멋대로 할 거면 다 그만둬!" 아버지는 왕립 미술학교를 제대로 나가지 않는 내게 화가 나셔서 경제적 지원을 끊으셨다. 나는 제대로 밥도 먹지 못하고 힘든 시절을 보내다, 바르셀로나의 카페 '4 cats'에 정착했다. 그곳에서 시인들과 문학가들을 만나 밤새도록 대화를 나누었다. 그들의 깊고 넓은 사유의 시선에 완전히 매료되었다. 그리고 그때부터 나의 그림도 아카데미를 탈피하여 전위적인 그림과 매너리즘적 접근 방식으로 그림을 그리기 시작했다.

카사헤마스 초상화(피카소 미술관)

대표적인 그림이 나의 친구 카사헤마스를 그린 그림이다. 그리고 이 친구가 나와 파리를 동행한 친구였다.

"피카소! 언제까지 이런 촌 동네에 계속 있을 거야. 파리로 가자! 더 큰 세계로 가서 놀아보자고."

"카사헤마스, 나도 여기 있고 싶지 않아. 하지만, 돈이 없는 걸."

카사헤마스는 잇몸이 보일 만큼 환하게 웃으며 2장의 파리 열차표 티켓을 내게 건넸다. 자신이 경비를 지원할 테니 함께 가자는 그의 이야기를 듣고 얼마나 가슴이 뛰었는지 모른다. 나는 카사헤마스 덕분에 꿈에 그리던 파리에 가게 되었다.

파리에 도착하여 보낸 며칠의 시간은 나의 인생을 송두리째 바꾸어 놓았다. 마네, 모네, 로트레크, 세잔, 쇠라 같은 유명 화가들의 그림을 파리에서 만났다. 나는 항상 내가 최고라는 생각으로 살았던 사람이었지만, 그들의 그림을 보고 나의 부족함을 절실히 느낄 수 있었다.

카메라보다 더 섬세하게 관찰하여 그림에 표현한 솜씨에 말문이 막힌 적이 한두 번이 아니었다. 그들의 그림을 보고 배운 것을 끊임없이 모방했고 결국은 훔쳐냈다. 그 흔적들이 나의 그림에 담겨있다.

많은 화가는 나의 인생에 영향을 주었지만 내게 스승이라 부를 수 있는 사람은 '세잔'뿐이었다. 그가 다시점 구도로 사과를 그리지 않았다면, 나는 평생 입체주의를 완성하지 못했을 수도 있다. 세잔은 500년 이상 이어져 왔던 소실점을 중심으로 한 선 원근법을, 다시점 구도를 통해 깨버렸다. 한마디로 혁명을 일으켰다. 500년 동안 아무도 하지 못했던 고전의 룰을 그는 사과 하나로 부숴버린 셈이다. 사과 하나로 파리를 놀라게 하겠다는 세잔의 말은 정말로 이루어졌다.

피카소의 정물화(세잔 패러디 그림)

　나는 그를 통해 한 방향에서만 보고 그림을 그려야 한다는 고정관념을 버릴
수 있었다. 그리고 그를 통해 '아비뇽의 처녀들'을 그릴 수 있었다. 물론 그 그림
은 세잔 외에도 아프리카 미술과 이베리아반도의 조각상, 이집트 회화 등 수많
은 화가와 예술가의 영향을 받은 것이 사실이다.

　하지만 그 그림에 모든 본질은 세잔에게 있다는 것을 나는 숨길 수 없다. 그
만큼 나는 그를 존경한다. 아비뇽의 처녀들을 통해 내가 말하고 싶었던 것은
세 가지였다. 원근감의 파괴, 아름다움의 파괴, 고정관념의 파괴이다.

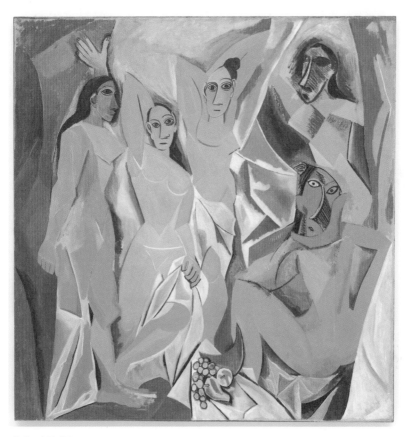

아비뇽의 처녀들(출처: wikipedia, 뉴욕 현대 미술관)

원근감의 파괴란 무엇일까? 앞에 있는 것은 크게 그리고 뒤에 있는 것은 작게 그리는 기본을 파괴했다. 아비뇽의 처녀들에 나오는 여인들은 앞과 뒤에 있는 인물들 간의 크기 차이가 존재하지 않는다. 앞에서도 그렸고, 옆에서도 그렸기 때문에 원근감을 지킬 필요가 없기 때문이다.

아름다움의 파괴란 무엇일까? 고대부터 현대까지 미의 추구는 언제나 여신들을 중심으로 해서 발전해 왔고, 그런 미의 추구는 아름답고 우아해야 하는 관념에 박혀 있었다. 완벽한 대칭과 비례의 르네상스 양식은 전형적인 아름다움의 상징이었다. 나는 그 모든 것을 아비뇽의 처녀들에서 파괴해 버렸다.

여신의 얼굴이 아닌, 아프리카 가면, 이베리아 조각상으로 대체했다. 고대보다 더 오래된 원초적인 미가 아프리카 가면과 이베리아 조각상 안에 있다고 믿었기 때문이다. 하지만 그 누구도 나의 의도와 생각을 읽지 못했다. 그들은 보이는 것을 그렸고, 나는 상상하는 것을 그렸기에 그들은 나를 이해할 수 없었다.

고정관념의 파괴란 무엇인가? 내가 가장 혐오하는 말이 있다. "예술작품은 이런 주제를 가지고, 이런 식으로 표현해야 해" 나는 그런 식에 접근으로 그림을 그리는 사람들을 싫어한다. 그들은 언제나 고정관념과 편견에 사로잡혀, 그어떤 예술적 성취도 이룰 수 없는 그림을 그린다. 세상 사람들이 가지고 있는 기준을 파괴하는 것. 그것이 아비뇽의 처녀들을 통해 내가 진정 표현하고 싶었던 예술이었다.

파리에서의 삶은 아름답지만은 않았다. 카사헤마스는 모델 제르맹을 집착할 정도로 사랑하였다. 그는 그녀에게 다가가 사랑을 고백하였지만, 모욕적으로 거절을 당한 후 실의에 빠진다. 그리고 그는 극단적인 선택을 하게 된다.

늦은 저녁 주점에 문을 박차고 들어온 카사헤마스가 말하였다.

"제르맹 네가 날 사랑하지 않는다면, 죽어서라도 나는 너를 사랑할 거야."

"탕탕탕!"

제르맹은 탄환을 맞고 쓰러졌고, 그 모습을 바라보며 카사헤마스는 울부짖었다. 그리고 그는 관자놀이에 총구를 겨누고 방아쇠를 당기었다.

"탕"

총소리와 함께 그는 쓰러졌고, 다시는 일어나지 못했다.

제르맹은 탄환이 몸에 빗맞아 살 수 있었지만, 카사헤마스는 그렇지 못했다.

나는 그의 죽음을 듣게 된 순간부터 제대로 그림을 그릴 수가 없었다. 그때부터 나에게 세상은 아주 창백하고 파랗게 질려있는 것처럼 보이기 시작했다.

이때부터 내가 그린 그림을 사람들은 청색시대라고 불렀다. 그를 떠나 보내고 마주한 몽마르트르 언덕과, 물랑루주는 더 이상 아름답지 않았다. 알코올 도수가 70도가 넘는 술을 마셔도 가시지 않는 몽마르트르 언덕에 추위가 세차게 가슴을 파고들었다. 앙상하게 마른 노인의 기타 소리가 울려 퍼지고, 성병으로 괴로워하는 여인의 울음이 메아리처럼 들리며, 죽어가는 눈동자로 그들을 바라보는 스무 살에 내가 있었다.

이 시기가 인생에서 죽고 싶을 만큼 힘들었던 시절이었다. 그 당시 나는 성병으로 인해 시력을 잃어가는 괴로운 나날을 보냈다. 또한 매일 끼니를 걱정하며 굶주림과 추위와 싸워야 했다. 그 당시, 이미 먹을 수 없을 만큼 딱딱해진 빵을 물에 담가 입안에 넣어 삼켰다. 눈물 젖은 빵이 무엇인지 그때 처음으로 몸소 느꼈다. 그렇게 3년을 힘겹게 버티던 어느 날, 운명처럼 그녀가 내게로 왔다.

영원히 내 삶에 가득할 것 같던 청색시대를 장밋빛으로 물들인 여인. 나의 여인 페르낭도 올리비에였다. 그녀는 유부녀였고, 모델이었다. 남편에게 무시를 당했고 두들겨 맞기도 하는 등 험난한 인생을 살았던 여인이다. 세차게 비가 내리는 날 기울어져 가는 판잣집으로 비와 함께 그녀가 내게로 왔다.

운명적으로 그녀를 만났다. 외로워 보이는 그녀의 모습이 내 모습처럼 느껴졌다. 우리의 외로움은 중력처럼 서로를 끌어당겼는지 모른다. 끌어당김은 불꽃처럼 타올라 얼어붙은 심장에 활력을 불어 일으켰다. 그녀를 만나고 그림들이 따뜻해졌다.

그녀의 사랑을 받으며 나는 온기가 가득한 그림을 그릴 수 있었고, 아비뇽의 처녀들이라는 대작마저 그릴 수 있었다. 그녀에게 늘 고마웠고 사랑했다. 하지만, 나에게 여인은 영원히 함께 할 수 있는 존재는 아니었던 것 같다.

나는 여인들을 통해 예술적 영감을 찾았던 사람이기에 그녀와의 관계를 지속할 수 없었다. 그래서, 나는 수많은 여인들을 만났다. 그녀들을 만나면서 예술적 영감이 떠오를 때마다 그림을 그렸다. 큐비즘도, 신고전주의도, 초현실주의도, 모두 여인들의 영향을 받았던 것이 사실이다.

하지만 나는 노년으로 갈수록 근원적 예술에 대한 갈증이 차오르는 것을 숨길 수 없었다. 나는 스페인 최고의 화가 '벨라스케스'의 '시녀들'을 나만의 방식으로 58점 그렸다. '시녀들' 속에 감추어진 벨라스케스의 예술의 의미를 찾고 싶었다.

나는 그의 그림을 보고 본질을 꿰뚫고 싶어했는지 모른다. 그래서 굉장히 단순하게 그림을 그렸다. 중요한 것은 확실하게, 중요하지 않은 것은 간단하게. 사람들은 내가 하는 미술이 장난을 치는 것 같다는 이야기를 많이 한다. 정말 그렇다고 생각하나? 나는 그림을 통해 '본질'만을 표현하는 것이다. 오직 본질을 보지 못하는 형태와 구조에 갇혀 있는 자들이 나를 함부로 말할 뿐이다.

피카소 시녀들 패러디 그림(피카소 미술관)

실제로 '예술은 진실을 드러내는 거짓말이다.' 나의 그림도 그렇다. 벨라스케스의 시녀들에서 중요하지 않은 인물들은 과감하게 생략했고, 가장 중요한 벨라스케스만 캔버스를 뚫을 만큼 크게 그린 것이다. 그리고 나는 그에 대한 존경과 동시에 나도 그에 못지않은 위대한 예술가임을 작품을 통해 과감하게 표현하였다. 그리고 내가 그림에서 단축하고 생략한 것만 봐도 그것이 무엇을 의미하는지 확실히 알 수 있다.

나는 가장 단순하게 표현하여서 사람들에게 내가 표현하고자 하는 바를 전달할 수 있는 사람이다. 곧 진정한 예술가는 단순하게 표현하지만, 본질을 놓치지 않는다는 것이다.

나는 라파엘로처럼 그리는 데 4년이 걸렸지만, 어린아이처럼 그리기까지는 평생이 걸렸다. 그래서 나는 나이를 먹으면 먹을수록, 그림이 어려졌던 것이다. 진정한 예술가는 어린아이처럼 자유롭게 본질을 표현할 수 있는 사람이라 생각했다.

　나의 그림은 10대 때 가장 나이가 들어 있고, 90대 때 그림이 가장 젊어 보인다. 나는 생애 동안 45,000점 이상의 작품을 남기었다. 단 하루도 작품을 쉬지 않은 셈이다. 그것이 왜 가능했을까? 나에게 예술을 하는 것은 놀이었고 휴식이었기 때문이다. (피카소 시점 끝)

　바르셀로나 피카소 미술관은 다른 피카소 미술관과 차이점이 있습니다. 그것은 어린시절의 그림이 유독 많다 라는 점이죠. 어린시절 그림은 피카소가 구상화가에서 추상화가로 변해가는 과정을 보여줍니다. 또한 삶의 환경과 만나는 사람이 피카소에게 얼마나 많은 영향을 주었는지 알 수 있죠. 그래서 바르셀로나 피카소 미술관은 그를 이해하기에 좋은 미술관입니다. 제가 지금 이야기 드린 내용들을 바탕으로 피카소를 만나 보시기 바랍니다.

피카소 미술관 내부(피카소 미술관)

나

예술과 디저트의 거리
: 보른지구

바르셀로나는 까딸루냐 광장을 중심으로 구시가지와 신시가지로 나누어
집니다. 광장을 중심으로 남쪽방향은 구시가지, 북쪽방향은 신시가지입니
다. 구시가지에서 가장 유명한 지역은 고딕지구와 보른지구가 있는데요,
그중 보른지구가 어떤 장소인지 소개하겠습니다.

서기 3세기. 로마의 정복을 받았던 시절부터 보른지구에는 사람들이 살
았던 흔적이 남아 있습니다. 그 당시 유적의 모습이 산타마리아 델 마르 성
당 지하에 보존되어 있습니다. 안타깝게도 보른지구에서 발견된 로마시대
때의 유적들은 많지 않습니다. 오히려 8세기 무슬림들이 바르셀로나를 지
배했던 시기에 유적이 훨씬 더 많이 남아 있지요.

무어인 들은 발렌시아 지역을 중심으로 쌀농사 재배기술을 전수하였습
니다. 또한 수리 관개 시설을 확충시키면서 레몬, 감자, 목화, 사탕수수등
의 새로운 작물도 소개하였습니다. 무어인들을 통하여 들어온 오렌지가 스
페인 여러 지역에서 재배되면서 성장하였습니다. 현재에 이르러서는 세계
3대 오렌지 생산국으로 발전하게 되었죠.

농업의 발전은 바르셀로나를 부강한 도시로 만들게 하였습니다. 그 당시
서유럽 국가들은 장원제도에 갇혀 있었죠. 반면에 스페인은 도시와 농촌

간의 물물교환이 활발하게 이루어졌습니다. 이와 같은 교역은 로마 시대에 건설한 도로망을 따라 전국적으로 확산되고 발전할 수 있었습니다.

보른지구를 이야기하려 하면 로마까지 거슬러 가야 하는 셈이죠. 보른이란 지역에 새겨진 수 많은 문명의 흔적이 도시를 성장시킨 원동력이었습니다. 다채로운 매력을 가진 보른지역은, 지금 현재 예술과 디저트로 사랑받는 거리입니다. 볼거리가 너무 많은 이곳에서 놓치면 안 되는 3가지를 소개합니다.

첫번째는 Basilica de Santa Maria del Mar(바실리카 데 산타마리아 델 마르) 성당입니다.

이 성당은 1329년에서 1383년까지, 54년 동안 지어진 성당입니다. 현재의 건물은 1324년 산타마리아의 부주교로 임명된 베라나트 사제에 의해 추진되었죠. 이 성당이 다른 성당과 다른 점은, 귀족이 아닌 시민의 기부를 받아서 만들어진 것입니다. 그래서 내부에 카펠라가 없습니다.

카펠라란, 소예배당을 의미하며 과거에는 귀족에게 분양되었던 공간입니다. 귀족들의 후원을 받고 만든 성당이 아니다 보니, 화려하지 않습니다. 하지만 단정한 느낌이 있습니다. 그리고 14세기에 어떤 길드들이 후원했는지 바닥의 문양을 통해 확인할 수 있습니다.

가위 모양, 배 모양 등이 그들이 어떤 일을 했던 사람들인지 우리에게 말해줍니다. 이 성당은 스페인 내전 시기에 반종교 폭도들이 불을 질러서 많은 유산이 소실된 아픔이 있습니다. 그래서 다른 성당에서 보이는 많은 장식들이 이곳에는 없습니다. 하지만 저는 그런 수수함이 오히려 이 성당을 편안하게 느끼게 만든다고 생각합니다.

산타마리아 델 마르 성당(보른지구)

귀족이 아니라 시민들에 의해 만들어진 성당. 특별히 이 성당은 어부들의 성당으로 불립니다. 왜냐하면, 항구와 가까운 보른지구에 배를 타는 사람들이 많았기 때문입니다. 그래서 바다로 나간 가족을 위해 남겨진 가족들이 찾아와 기도하는 곳이었죠.

이 성당을 가우디가 참 좋아했습니다. 가난한 자나 부유한 자나 누구나 와서 기도할 수 있는 장소였기 때문이죠. 특히 사랑했던 형과 어머니를 잃고 가장 힘들 때, 위로를 받기도 하였습니다.

가우디는 성가족 성당의 아이디어를 보른지구에 있는 산타마리아델마르 성당에서 가져왔습니다. 빈부에 상관없이, 누구나 자유롭게 기도할 수 있는 성당. 그 공간 안에서 위로 받고 힘을 얻기를 그는 원했던 거죠. 그렇게 성가족 성당은 작고 소박한 산타마리아델마르 성당에서 많은 영향을 받았습니다.

두 번째는 타파스입니다.

보른지구는 과거부터 편하게 음식이나 음료를 먹을 수 있는 바(Bar)들이 많았습니다. 그중에서 타파스가 맛있는 집이 있어 소개해 드립니다. 피카소 미술관 근처에 El Xampanyet(엘 샴파녯)입니다. 이 타파스 집은 과거에 샴페인으로 유명한 곳이었습니다.

지금은 현지인들에게 사랑을 받는 유명한 타파스 집입니다. 타파스도 유명하지만 까딸루냐 지방에서 나오는 까바(스파클링 와인)를 드시기에도 좋은 곳입니다. 타파스에 까바 한 병을 주문해서 드시면 가성비가 좋기에, 와인을 곁들여 드실 분들은 참고하시면 좋을 것 같습니다.

El XAMPANYET(보른지구)

세 번째는 예술과 디저트입니다.

커피를 좋아하시는 분들은 cafe el magnifico(카페 엘 마그니피코)를 들러보세요. 바르셀로나 보른지구에 있는 이 카페는 100년 동안 사랑받아온 커피 맛집입니다. 1919년부터 전 세계의 다양한 원두를 로스팅해서 커피를 만들고 있죠.

특별히, 현재 카페를 운영하는 살바도르가 2012년 세계 커피 어워드에서 챔피언이 되면서 더욱 유명해졌습니다. 현지인들이 줄을 서서라도 꼭 방문하는 커피 맛집입니다.

빵을 좋아하시는 분들은 Pastisseria Hofmann(파스티세리아 호프만)을 방문해 보세요. 호프만 빵집은 바르셀로나에서 유명한 명소입니다. 이곳은 '호프만 요리학교'에서 운영하는 곳이고 실력 있는 전문 교육기관입니다.

이곳에서 가장 유명한 빵은 mascafone(마스카포네, 크림치즈 크루아상)입니다. 진한 크림치즈와 고소한 빵으로 구성되어 있는데요, 꾸덕한 치즈와 부드러운 빵을 좋아하시는 분들은 꼭 드셔 보시기 바랍니다.

보른지구에는 지금 설명해 드렸던 부분 말고도 매력적인 곳들이 있는데요, 아이들과 함께 스페인을 여행 중이시라면 초콜릿 박물관을 방문해 보시기 바랍니다. 바르셀로나에서 초콜릿 무역이 어떻게 진행되었는지, 그리고 초콜릿이 어떻게 만들어지는지, 초콜릿에 대한 모든 것을 경험할 수 있는 장소입니다.

흔하지 않은 기념품을 찾으시는 분들은 Pinzat(핀잣)을 방문해 보시기 바랍니다. 오래된 PVC 포스터, 타이어, 안전벨트를 가지고 트렌디한 가방과 패션 액세서리를 만드는 장소입니다. 개성 있고 특별한 아이템을 찾으시는 분들에게 추천합니다.

cafe el magnifico(보른지구)

　보른지구는 이처럼 고대부터 현대까지 시민들이 사랑할 수밖에 없는 매력이 많은 공간입니다. 예술과 디저트의 거리라고 불려도 손색이 없는 장소이죠. 바르셀로나 여행 시에 놓쳐서는 안 되는 매력적인 장소입니다.

아론이 알려주는 100배 만끽 TIP

타파스 맛집

이름 El Xampanyet(엘 샴파넷)

위치 Carrer de Montcada, 22, Ciutat Vella, 08003 Barcelona, Spain(피카소 미술관 근처)

추천메뉴 Pulma Iberica(플마 이베리카, 이베리코 스테이크), Calamars Samfaina(깔라마르 삼파이나,야

채를 곁들인 오징어요리), Pan con tomate(빤 꼰 토마테, 토마토 올리브 빵)Pulpo a la Gallega(뿔뽀 아 라 가

예가, 메쉬포토를 곁들인 문어요리)

팁 식사 시간에는 웨이팅이 있으니, 30분 전에 도착하기. 바 자리에 앉아서 먹기. 스페인

타파스 문화를 제대로 느낄 수 있는 현지인 맛집

커피 맛집

이름 Café el Magnidico(까페 엘 마그니피코)

위치 Carrer de l'Argenteria, 64, Ciutat Vella, 08003 Barcelona, Spain(피카소 미술관 근처)

추천메뉴 Cortado(꼬르따도), Café con leche(카페 꼰 레체, 카페라떼)

팁 우유와 커피가 1:1 비율인 스페인식 커피 추천(꼬르따도), 좋은 원두를 구매할 수 있는

곳

디저트 맛집

이름 Pastisseria Hofmann(빠스티세리아 호프만)

위치 Carrer dels Flassaders, 44, Ciutat Vella, 08003 Barcelona, Spain(피카소 미술관 근처)

추천메뉴 Mascafone(마스카포네, 크림치즈 크로와상)

팁 스페인에서 크림치즈 크로와상으로 가장 유명한 곳. 테이크 아웃 전문점(실내 취식 불가)

5

로마 시대와 현대 시대가 공존하는 거리

: 고딕지구

 스페인 바르셀로나에서 여행자들이 가장 사랑하는 명소는 고딕지구입니다. 왜냐하면, 바르셀로나에서 가장 오래된 건축물과 역사적인 명소들이 가득하기 때문입니다. 그 중에 가장 많은 분들에게 사랑받는 장소를 소개합니다.

산펠립네리 광장

 산펠립네리 광장은 영화 〈향수〉 촬영지로 잘 알려져 있습니다. 중세 파리의 느낌을 파리보다도 더 잘 간직하고 있어서, 영화 〈향수〉가 촬영된 곳입니다. 이곳은 낮과 밤의 느낌이 아주 다릅니다.

 낮에는 학생들이 축구를 하고 뛰어노는 놀이터입니다. 이곳에 초등학교가 있기 때문이죠. 반면에 저녁이 되면 사람들이 많이 다니지 않고 어둡기 때문에 으스스한 느낌이 드는 곳입니다.

 그런 이곳을 자세히 살펴보면, 건축의 여기저기 상처들이 있다는 것을 볼 수 있습니다. 이 상처들은 1938년 1월 30일 이탈리아 군의 포격으로 만들어진 상처들입니다. 스페인 내전 시절에 발생을 한 사건이었죠. 그날, 폭탄이 떨어졌을 때 안타깝게도 민간인 희생자들이 있었습니다. 초등학생 20여명을 포함한 민간인 42명이 숨진 사건이었습니다. 그 안타까운 사건을 후손에게 알리기 위해 기록을 새겨둔 모습도 볼 수 있습니다.

건축의 남겨져 있는 상처를 복원하지 않은 이유도 다시는 발생되지 말아야 할 전쟁의 참상을 알리기 위해서라고 현지인들이 말합니다. 한 때는 참혹한 현장이었지만, 지금은 아이들의 꿈이 자라는 학교가 있는 곳이기도 합니다.

바르셀로나 대성당

바르셀로나 대성당은 1298년 건설이 시작되었습니다. 150년 동안 건축을 하여 오늘날의 고딕양식 대성당이 만들어졌죠. 대부분의 건축은 중세시대에 완성이 되었지만, 메인 파사드 부분은 20세기 초에 완성이 된 상태입니다.

스페인 내전시기에 피해를 보지 않은 성당 중에 하나로, 내부조각과 장식들이 잘 보존되어 있습니다. 이 성당에 하이라이트는 성 에우랄리아의 묘입니다. 바르셀로나의 수호성인 중 한 명인 에우랄리아는 로마시대 때 순교한 여인입니다.

13살에 순교한 그녀를 기념하기 위해 거위를 성당 내부에서 키우고 있습니다. 거위는 순결과 순교의 의미를 담고 있습니다. 가우디가 만든 성가족 성당과는 전혀 다른 중세의 매력이 가득한 성당이기에 방문 가치가 있습니다. 코로나 이전에는 무료입장 시간이 있었으나, 현재는 유료입장으로 변경되었습니다.

왕의 광장

스페인 역사에서 가장 중요한 인물은 이사벨 여왕입니다. 왜냐하면, 스페인을 하나의 가톨릭 국가로 통일하고, 대항해시대를 열었기 때문입니다. 특히, 콜럼버스를 후원하면서 스페인을 대항해시대의 주역으로 만든 것은 그녀의 최대 업적으로 평가받습니다. 그런 이사벨 여왕과 콜럼버스가 바르셀로나에서 만났습니다.

두 사람이 만난 장소는, 고딕지구 내부에 있는 왕의 광장입니다. 왕의 광장은 이사벨 여왕의 남편이었던 페르난도 2세의 왕궁이었습니다. 카스티야의 여왕이었던 이사벨은 세고비아에 살고 있었지만, 콜럼버스를 만나기 위해 바르셀로나를 방문하였습니다.

원래의 계획은 세비야에서 만날 예정이었지만, 계획을 변경하여 바르셀로나에서 만나게 되었습니다. 왜냐하면, 콜럼버스를 만나기 위해 많은 사람들이 세비야에서 기다렸기 때문입니다. 콜럼버스로부터 신항로에 관련된 정보를 얻기 위해서였죠. 지혜로운 이사벨 여왕은 남편이 다스리고 있는 바르셀로나로 콜럼버스를 불러서 그의 안전과 정보를 확보하였습니다.

1493년 이탈리아의 탐험가 콜럼버스가 스페인의 후원을 받아 아메리카 대륙 탐험에 성공한 후 여왕을 만나게 됩니다. 그 역사적인 장소가 고딕지구의 왕의 광장이죠. 왕궁입구는 14개의 부채꼴 모양의 계단으로 이어져 있습니다. 입구에는 이사벨 여왕이 서있었고, 계단 아래쪽에는 콜럼버스가 있었습니다. 콜럼버스는 신대륙에서 가져온 물품과 인디오들을 여왕에게 소개하였고, 여왕은 콜럼버스의 성과를 인정하고 성대하게 축하해 주었습니다.

로마성벽부터 20세기 건축까지, 살아 있는 박물관을 경험할 수 있는 곳.

그곳이 바르셀로나의 고딕지구입니다. 로마 못지않게 오랜 역사를 가지고 있는 바르셀로나의 매력을 고딕지구를 다니면서 직접 경험해 보시기 바랍니다. 고딕지구의 거리에서 공연하는 예술가들의 음악소리가 고딕지구를 더 매력적으로 느끼게 할 것입니다.

Els 4 Gats

아론이 알려주는 100배 만끽 TIP

루프탑

이름 Hotel colon rooftop(호텔 콜론 루프탑)

위치 Av. de la Catedral, 7, Ciutat Vella, 08002 Barcelona, Spain(바르셀로나 대성당 근처)

추천메뉴 와인, 샹그리아, 오렌지쥬스

팁 스페인 최고의 루프탑. 바르셀로나에서 인생샷을 찍을 수 있는 장소. 사전예약 필수.

커피 맛집

이름 Right Side Coffee Bar(라이트 사이드 커피 바)

위치 Carrer de l'Arc de Sant Ramon del Call, 11, Ciutat Vella, 08002, Barcelona, Spain(고딕지구)

추천커피 Cold Brew(콜드브루). Cortado(꼬르따도)

팁 콜드브루 맛집. 적당한 산미가 매력적인 카페.

츄러스 맛집

이름 Xurreria Laietana(츄레리아 라이에타나)

위치 Via Laietana, 46, Ciutat Vella, 08003, Barcelona, Spain(바르셀로나 대성당 근처)

추천메뉴 Chocolate Con Churros(초콜라떼 꼰 츄로스)

팁 바르셀로나에서 가장 맛있는 츄러스 맛집. 휴무(토요일, 일요일)

피카소 아지트

이름 Els 4 Gats(엘스 꾸아트로 갓츠, 네 마리 고양이 카페)

위치 Carrer de Montsio, 3, Ciutat Vella, 08002 Barcelona, Spain

추천메뉴 Café con leche(카페 콘 레체, 카페라떼) choco croissant(쵸코 크로와상)

팁 피카소가 자주갔던 레스토랑. 빈티지 느낌을 좋아하는 여행자에게 추천..

6

가우디가 만든 세계 최초의 아파트

: 까사밀라

스페인 바르셀로나는 볼거리가 참 많은 도시입니다. 그중에 다양한 건축을 보는 재미를 빼놓을 수가 없죠. 로마 시대부터 현대까지의 세월의 흔적을 건축을 통해 느낄 수 있습니다. 그 중에 가장 많은 사랑을 받는 작품들이 가우디가 만든 건축입니다.

특별히, 가우디는 집을 많이 만들었는데요, 그 이유는 가족이 함께 사는 공간이 집이라고 생각했기 때문입니다. 그만큼, 가우디는 가족을 향한 애

까사밀라

정이 많은 사람이었죠. 그런 가우디가 만든 집 중에서 가장 완벽한 기능과 아름다움을 보여주는 작품이 까사밀라입니다.

까사밀라는 1906년에 밀라 씨가 가우디를 찾아가 이야기를 나누면서 시작합니다.

"가우디 씨, '까사바트요'보다 훨씬 아름답고 멋진 집을 그라시아 거리에 만들어주세요."

그라시아 거리는 당시, 최고의 부자들만 살았던 부촌이었습니다. 그곳에 가장 화제가 되고 있던 집은 가우디가 만든 '까사바트요'였죠. 그 사실을 그 누구보다 잘 알고 부러워한 인물이 밀라 씨였습니다. 밀라 씨는 부동산업을 통해 많은 돈을 벌었던, 신흥 부자였습니다.

사실, 그는 단순히 아름다운 집을 짓기 위해 가우디를 찾았던 것이 아니었습니다. 오히려 가우디의 건축을 통해 많은 돈을 벌 계획을 세우고 있었죠. 그는 60여 채가 공동으로 살 수 있는 아파트를 구상하며 가우디를 찾았던 것이었습니다. 찾아온 그를 향해 가우디는 이렇게 말하였죠.

"까사밀라를 건축하겠습니다. 단, 작품에 대해 간섭은 하지 말아 주세요."

"가우디 씨가 아름다운 집을 지어 주신다는데, 왜 제가 간섭을 하겠습니까."

두 사람의 처음은 그렇게 아름답게 시작이 되었습니다. 하지만, 시간이 가면 갈수록 둘 사이의 가치관 차이가 충돌하면서 걷잡을 수 없는 싸움으로 번지게 됩니다. 특히 성모마리아상을 까사밀라 옥상에 만들고 싶어 했던 가우디의 요청을 밀라 씨가 거절하게 되면서, 둘은 완전히 서로를 등지게 됩니다. 그래서 작품 후반부는 가우디가 아니라, 그의 조수들에 의해 겨우 완성될 수 있었습니다.

우여곡절 끝에 완성된 까사밀라를 보고, 밀라 씨는 희망을 가졌습니다.

비록 가우디와 사이는 틀어졌지만, 분양만 잘 된다면 이 기회를 통해 많은 돈을 벌 수 있다는 계획이었죠. 하지만 밀라 씨의 계획만큼 좋은 결과가 따라오지는 못했습니다.

밀라 씨와 가우디의 사이가 안 좋다는 소문은 이미 동네에 소문이 다 나 있었죠. 엎친 데 덮친 격으로 신문사에서는 까사밀라를 보고 돌을 캐는 채석장같이 생겼다고 비난하는 기사를 쓰기도 하였습니다.

안 좋은 소문들은, 바람을 타고 바르셀로나시 전체로 퍼져 나갔죠. 그리고 참혹한 분양 실패 결과를 가져오게 합니다. 60여 채 가구가 들어오길 바랐지만, 10채도 분양이 되지 않게 되었죠. 이에 따라 밀라 씨는 은행에 빚을 지고 많은 어려움을 겪기도 하였습니다. 그래서 까사밀라는, 까사바트요와는 달리 초기에는 성공하지 못한 작품이었습니다.

시간이 지나면서, 실제 입주자들이 내부에 만족하였고 입소문을 통해 성공한 작품이었습니다. 그렇다면 어떤 부분들을 입주자들이 좋아했을까요?

첫째, 푸른 하늘과 뭉게구름이 보이는 중정입니다.

까사밀라는 단순히 아름다운 건축에 초점을 둔 작품이 아닙니다. 기능에도 충실한 건축이죠. 그 부분을 느낄 수 있는 것이 중정 구조입니다. 완벽하게 통풍이 되었습니다. 또한 시민들이 언제든지 하늘을 건축 안에서도 볼 수 있도록 배려한 아름다운 작품이죠.

그라나다에 있는 알함브라 건축에서 보여주는 중정 구조를 현대식 건축인 까사밀라에서 재현한 것입니다. 한마디로, 고전에 현대를 입힌 우아한 작품입니다. 그래서 밖에서 보는 까사밀라의 모습은 빙산의 일각에 불과합니다. 실제 내부로 들어와서 보는 것이 100배 이상 더 아름답다고 생각합니다. 그런 마음을 느끼게 하는 장소가 중정이 보이는 장소입니다.

까사밀라 중정(까사밀라)

저는 살짝 비가 오는 날에 방문했는데, 그게 더 좋았습니다. 건물 내부에서 떨어지는 빗줄기를 맞으며 하늘을 바라보는 것이 이색적이었습니다. 지구에 있는 어떤 아파트에서도 느끼지 못하는 찰나의 감정을 느낄 수 있는 곳이었죠.

둘째, 바르셀로나의 태양을 만끽할 수 있는 옥상 테라스입니다.

유럽인들은 태양을 하나님의 선물이라고 생각합니다. 그래서 성당을 만들 때도 빛이 최대한 많이 들어올 수 있도록 스테인드글라스를 만들었죠. 그러한 생각이 그대로 반영된 건축이 까사밀라 옥상 테라스입니다.

지중해의 태양을 마음껏 느낄 수 있고, 바르셀로나 시내 전체를 볼 수 있는 빼어난 경관을 가지고 있습니다. 또한, 옥상 테라스를 주의 깊게 살펴보면 투구를 쓰고 있는 것 같은 조형물이 보입니다. 이 조형물들은 영화로도 제작이 되었는데요, 영화 스타워즈에 다스베이더 군단들로 만들어졌습니다.

조지루카스 감독에게는 조형물이 굴뚝으로 보이지 않고, 병사들로 보였던 것 같습니다. 실제로 옥상에서 보면, 다스베이더 군단들로 보이기도 합니다. 하지만, 이곳에서 가장 아름다운 공간은 성가족 성당이 보이는 장소입니다.

이곳에서 사진을 찍으면, 까사밀라와 여행자와 성가족 성당이 함께 나옵니다. 그래서, 한 편의 영화 같은 멋진 장면을 남길 수 있습니다. 100년 전 이곳에 살았던 시민들도 바르셀로나의 아름다운 경관을 볼 수 있어서 이곳을 좋아했습니다. 까사밀라에서 가장 아름다운 공간으로 꼭 방문해 보시길 추천해 드립니다.

까사밀라 옥상테라스

야, 나도 가자! 스페인!

셋째, 유럽 최초의 편의시설을 3개나 가진 아파트입니다.

지하 주차장, 중앙난방 시스템, 인터폰이 완벽하게 구비되어 있었습니다. 100년 전에는 혁신적인 아파트로 불렸습니다. 유럽에서 시도되지 않았던 편의시설을 3가지나 최초로 완벽하게 만든 집이었기 때문입니다.

내부에 들어와서 살았던 입주민들이 너무나 만족하여 주변 지인들에게 소문을 낼 정도였다고 합니다. 그 이야기를 들은 지인들이 입주하게 되면서, 바르셀로나 시민들의 사랑을 받은 장소가 되었죠.

까사밀라 1층은 상가이고 2층부터 사람들이 거주하는 주상복합 아파트입니다. 지금도 그 모습 그대로 유지 중이죠. 다만, 지금은 이전처럼 많은 분들이 거주하는 아파트가 아닌 박물관으로서 바르셀로나시에서 관리 중입니다.하지만, 여전히 까사밀라는 사람이 거주하는 공간입니다. 안나 할머니가 여전히 살고 계시죠. 100년이 넘었지만, 오늘을 살아가기에 전혀 부족함이 없는 아파트라고 그녀는 말합니다. 오히려 세계에서 단 하나밖에 없는 아름답고 우아한 곳이라고 극찬을 하였죠.

까사밀라는, 외부부터 내부까지 똑같은 모습이 하나도 없습니다. 모두 다르게 만들어져 있죠. 마치 살아 있는 유기체같이 표현되어 있습니다. 자연처럼 말이죠. 구엘 공원에서 똑같은 모양이 하나도 없던 것처럼, 까사밀라 역시도 똑같은 모습 없이 자연처럼 만들어졌습니다. 그래서 더 매력적이고 재미있는 건축입니다.

가우디는 바르셀로나 근교에 있는 몬세라트에서 영감을 받아 까사밀라를 만들었습니다. 살아 있는 자연의 산을 건축으로 옮기려 한 그의 대범한 시도가 세상에 하나밖에 없는 아파트를 만들게 하였습니다. 100년 전 부자들이 살았던 실제 집의 모습을 까사밀라를 통해 만나 보시기를 바랍니다.

까사밀라 내부(까사밀라)

7

Never Ending Story

: 성가족 성당

 가우디가 만든 성당은 현지에서 Sagrada Familia(사그라다 파밀리아)로 불리고 있습니다. 사그라다의 뜻은 성스러운, 파밀리아의 뜻은 가족이죠. 그래서 한국에서는 성가족 성당이라고 불리우고 있습니다.

 그렇다면, 성가족 성당은 누가, 왜 건설을 하였을까요?

 성당 건설을 시작한 사람은 출판업자였던 보카베야입니다. 그는 물질만능주의 사회가 되어버린 바르셀로나의 모습 속에서 잃어버린 가치를 떠올렸습니다. 물질은 정신의 문제를 해결할 수 없다는 생각으로, 누구나 마음껏 기도할 수 있는 공간을 지어야 한다는 생각을 하였죠.

 보카베야는 기도하는 공간 안에서 서로 사랑하고 나누는 마음이 일어나기를 바랐습니다. 동시에 서로를 향해 따뜻한 시선과 안부를 나누는 정서적 유대감이 바르셀로나에 가득하기를 꿈꾸었죠. 그는 물질로 대체할 수 없는 정신적인 가치를 성당 건축을 통해 세우고 싶어 했습니다.

 보카베야가 추진한 성가족 성당은 기존의 성당들과 다른 점이 있습니다.

 기부금만으로 성당을 만드는 것이었습니다. 일반적으로 유럽의 성당들이 만들어질 때 관할하고 있는 지역에서 세금을 거두어 성당을 건축하였습니다. 그와는 달리 성가족 성당은 140년이 넘는 시간 동안 기부금만으로 짓고 있는 의미 있는 성당입니다. 현재도 입장료 수익은 기부금이 되어 성가족 성당을 건축하는 데 사용되고 있습니다. 그래서 세계인의 관심과 사랑을 통해 성당은 날마다 자라고 있습니다.

142년째 건축 중인 성가족 성당(성가족 성당)

야, 나도 가자! 스페인!

가우디는 성가족 성당의 2대 건축가로 임명이 되어 1883년부터 성당의 공사를 시작했습니다. 그는 1대 건축가인 비야르가 만든 성가족 성당의 설계도를 보고 실망을 하였습니다. 왜냐하면 기존의 유럽성당들과 전혀 다를 것 없는 평범한 성당이었기 때문이었죠. 그래서 가우디는 설계도를 전면 수정하여 유럽에서 한 번도 본적 없는 아주 특이한 성당을 그려냅니다.

가우디가 설계한 성당의 특징은 3가지입니다.

첫 번째 특징은, 3개의 파사드에 새겨진 돌조각입니다. 성당 건축에서 들어가는 출입구를 파사드라고 부릅니다. 일반적으로 문이라고 불리죠. 가우디는 일반적인 성당과 다르게 성당의 문을 만들었는데요, 그는 성서에서 가장 중요한 인물인 그리스도의 생애를 문에 기록으로 남기고 싶어 했습니다. 그래서 예수의 탄생, 죽음, 재림이라는 성경의 주제를 3개의 문에 돌로 조각하기를 원했습니다.

두 번째 특징은 18개의 탑입니다. 가우디가 만든 성가족 성당은 다른 성당들에 비해 탑이 많습니다. 그것도 무려 18개나 설계를 하였죠. 옥수수와 비슷하게 보이는 탑에는 구멍이 뚫려 있습니다. 이것은 가우디가 성당의 종이 울릴 때 풍성하게 들릴 수 있도록 만든 것입니다. 한마디로 스피커의 역할을 하는 셈이죠. 비가 내려도 사선 방향이어서 빗물이 내부로 들어가지 않고 외부로 흘러내리게 만든 자연주의 건축입니다.

한 개의 탑을 만드는 것도 어려운 기술인데 왜 가우디는 18개나 되는 탑을 설계했을까요? 그 이유는 성서에서 가장 중요한 인물들을 많은 사람에게 알리기 위해서입니다. 18개의 탑 중 12개의 탑은, 십이사도의 탑입니다. 나머지 6개의 탑 중 4개는 4대 복음서 저자의 탑입니다. 나머지 2개 중 1개는 성모마리아의 탑이 되고, 마지막 탑은 예수그리스도의 탑입니다.

그중에 가장 중요한 예수그리스도의 탑은 172.5m가 될 예정입니다. 성당이 완공되면 성가족 성당은 세계에서 가장 높은 성당이 될 예정입니다. 현재 세계에서 가장 높은 성당은 독일에 있는 울름 대성당입니다. ^(161.5m)

세번째 특징은 빛입니다. 가우디는 성가족 성당을 전 세계에서 가장 밝은 성당으로 만들고 싶어 했습니다. 왜냐하면, 가우디에게 빛은 신의 축복이었기 때문입니다. 신의 축복이 성가족 성당을 방문하는 자들에게 빛을 통해 전해지기를 바랐습니다.

파사드(門)에 대한 소개를 하겠습니다.
탄생의 문에서 가장 먼저 눈에 띄는 4개의 탑은 예수의 제자들(마티아, 바나바, 사도유다, 가나안 시몬)을 상징합니다. 가우디가 만든 탄생의 문은 아기 예수의 탄생 이야기를 다루고 있습니다.
처음으로 함께 살펴보아야 할 조각은 성가족 조각입니다.

성요셉과 성모마리아, 아기 예수 세 사람의 모습이 성당 중앙에 조각으로 만들어져 있습니다. 그런데 자세히 살펴보면 세 사람의 곁에 두 마리의 동물이 보이는데요, 말과 소입니다. 가우디가 말과 소를 성가족 옆에 함께 조각한 이유는 아기 예수가 마구간에서 태어났음을 나타내기 위해서입니다.
가우디는 이천 년 전, 예수가 말구유에서 태어난 사실을 알게 된 자들도 이곳에 같이 조각했는데요, 그들은 바로 목동들과 동방 박사 세 사람입니다. 조각을 자세히 살펴보면 황금과 유향과 몰약을 가지고 와 무릎을 꿇고 경배하러 온 사람들이 있습니다. 이들이 동방 박사입니다. 그 반대편에는 양을 머리 위에 짊어지고 있는 목동들의 모습도 확인할 수 있죠.

성가족 조각(성가족 성당)

그런데 여기서 한 가지 의문을 갖게 하는 부분이 있습니다. 목동들과 동방 박사 세 사람은 어떻게 아기 예수가 말구유에서 태어났는지 알 수 있었을까요?

그들이 아기 예수의 탄생을 알 수 있었던 이유는 베들레헴에 떠 있는 큰 별을 보았기 때문입니다. 성가족 조각에 위쪽을 보시면 성게처럼 뾰족하게 표현된 별을 확인하실 수 있습니다. 그 별을 보고 동방 박사와 목동은 멀리서도 예수의 탄생을 알 수 있었던 거죠.

탄생의 문(성가족 성당)

야, 나도 가자! 스페인!

그와 동시에 아기 예수가 태어날 때 아름다운 찬양 소리가 이 땅에 가득 찼는데요, 바로 천사들이 합창했기 때문입니다. 천사들은 비파와 수금과 다양한 악기를 연주하며 이렇게 외쳤습니다.

"지극히 높은 곳에서는 하나님께 영광이요. 땅에서는 하나님이 기뻐하신 사람 중에 평화로다."(Luke2:14)

사실 이 모든 것은 하나님의 섭리 속에서 완벽히 예언되어 성취된 사건이었습니다. 그 증거가 베들레헴에 떠 있는 별 위쪽에 조각되어 있습니다. 남성이 여인의 머리 쪽으로 손을 두고 있고, 여인은 고개를 숙여 두 손을 모으고 공손히 받드는 모습으로 조각되어 있습니다. 이 조각의 내용은 성모마리아와 대천사 가브리엘의 만남을 조각으로 만든 것입니다. 성경에는 이렇게 기록이 되어 있습니다.

"보라 네가 잉태하여 아들을 낳으리니 그 이름을 예수라 하라."(Luke1:31)

"마리아가 천사에게 말하되 나는 남자를 알지 못하니 어찌 이 일이 있으리까."(Luke1:34)

"천사가 대답하여 이르되 성령이 네게 임하시고 지극히 높으신 이의 능력이 너를 덮으시리니 이러므로 나실 바 거룩한 이는 하나님의 아들이라 일컬어지리라."(Luke1:35)

가브리엘 대천사가 성모마리아를 만나 아기 예수의 탄생을 알리는 장면을 수태고지(受胎告知)라고 합니다. 이와 같은 주제는 가톨릭에서 중요한 주제이므로, 많은 예술가가 관련된 작품을 남겼습니다.

마드리드 프라도 미술관에 가시는 여행자들은 프라안젤리코가 그린 수태고지 그림을 보시기 바랍니다. 왜냐하면, 가우디가 조각한 작품보다 훨씬 더 섬세하고 아름답게 표현하였기 때문입니다.

이처럼 성경에 예언되었던 하나님의 아들이, 이 땅에 오신 이야기가 탄생의 이야기였습니다. 아기 예수가 태어난 날. 많은 사람이 하나님의 영광과 기쁨을 누리는 즐거운 날이었습니다. 하지만 오직 한 사람만큼은 그날을 무척이나 싫어했던 것 같습니다. 그는 유대를 관할하던 헤롯 왕이었습니다.

동방 박사들은 아기 예수를 찾아가기 전 헤롯왕을 먼저 찾아갔고, 그에게 이렇게 말하였죠.

"유대인의 왕으로 나신 이가 어디 계시냐? 우리가 동방에서 그의 별을 보고 그에게 경배하러 왔노라 하니." (Mattew 2:2)

이 말을 들은 헤롯왕은 어이가 없었습니다. 자신이 유대인의 왕인데, 감히 또 다른 유대인의 왕이 어디서 태어났다는 건지 기가 막힐 노릇이었죠. 하지만, 그는 동방 박사들을 속이면서 아기를 찾게 되면 자신에게도 알려달라고 이야기합니다. 겉으로는 경배하러 갈 거라고 말은 했지만, 속으로는 아기 예수를 죽이려는 계획을 하고 있었죠.

헤롯의 그 음흉한 계획을 하나님은 아시고, 동방 박사들이 헤롯왕에게 아기 예수의 소재를 밝히지 않고 떠나게 하십니다. 그리고 성가족에게 주의 사자를 보내어 이집트로 피난을 가게 하시죠.

동방 박사만을 기다리고 있던 헤롯왕은 이 사실을 뒤늦게 알게 되고 화가 머리끝까지 나게 됩니다. 이를 뿌득뿌득 갈고 소리를 지르며 명령했습니다.

"베들레헴과 그 모든 지경 안에 있는 사내아이를 두 살부터 그 아래로 다 죽이라!!"

유아학살(성가족 성당)

가우디는 헤롯에 의해 벌어졌던 엄청난 유아 학살의 장면을 돌조각으로 기록했습니다. 한 병사가 아이를 칼로 찌르려고 하고 있습니다. 아기의 어머니는 칼을 들고 있는 병사의 손을 잡고 애원을 하죠. 그러나, 병사의 발밑에 가득한 아이들의 시신을 통해 그 아이 역시 생명을 보존하기 어려웠을 것으로 보입니다.

이렇게 가우디가 만든 탄생의 문에는 예수가 태어나기 위해 얼마나 많은 시련을 겪어야 했는지 돌로 새겨져 있습니다. 또한, 글을 모르는 사람이라도 예수의 탄생을 완벽하게 이해할 정도로 표현한 그의 솜씨가 참 놀랍습니다. 어떻게 이렇게 실제 사람같이 완벽한 조각을 만들 수 있었을까요?

그것은 사람들의 몸에 기름을 바르고 석고 반죽을 붙여 모형을 먼저 만들어 보았기 때문입니다. 실제 사람이 모델이 되어주었기 때문에, 가우디가 만든 조각은 자연스러우면서도 아름다운 조각이 될 수 있었던 거죠. 그렇다면, 말과 소들은 어떻게 조각했을까요? 말과 소들은 마취하여 잠을 재우고 석고 반죽을 붙여 모형을 만들었습니다.

그런데, 여기서 한가지 의문을 갖게 하는 부분이 있습니다. 아기 예수의 모델은 어떻게 구하였을까요? 실제 가우디는 살아 있는 아이들을 모델로 사용하기 위해 부모들을 설득하였다고 합니다. 그러나, 그 누구도 아이에게 석고 반죽을 붙이는 행위를 원하지 않았습니다. 결국 가우디는 살아 있는 아이들을 모델로 사용하는 데 실패하였죠. 그래서, 그는 어쩔 수 없이 유아들이 사망해 있는 병원에 가서 죽은 아기를 데려왔다고 합니다. 아기 예수의 모델은, 죽은 아기를 통해 만들어졌습니다.

가우디가 얼마나 철저한 사람인지 느낄 수 있었습니다. 예술가들의 집착이란 일반인의 집착과 비교할 수 없다는 것을 그를 통해 알게 됩니다.

그런데, 탄생의 문 조각들을 보면 색깔이 다른 조각이 보입니다. 아이를 살해하는 병사의 다리를 보시겠어요. 하얀색으로 되어 있다는 것을 확인할 수 있습니다. 이렇게 표현되어 있는 이유는 유네스코로 지정된 이후에 망가졌기에 복원한 흔적을 의도적으로 남겨둔 것입니다.

여기까지 말씀드린 부분이 가우디가 만든 탄생의 문에 핵심적인 이야기였습니다. 다음은 예수그리스도의 수난을 다루고 있는 수난의 파사드 설명을 하겠습니다.

수난의 파사드의 설계는 가우디가 했지만, 가우디가 직접 건축하지는 못한 부분입니다. 가우디가 남겨 놓은 도면과 모형에 따라 1987년 수비라치가 작업을 시작했습니다.

수비라치는 우리나라와도 인연이 있는 세계적인 조각가인데요. 1988년 서울 올림픽을 기념하여 그는 한국에 와서 하나의 작품을 조각했습니다. 그 작품의 이름은 "하늘 기둥"입니다. 올림픽공원에서 만나 보실 수 있죠. 스페인 조각가의 작품을 한국에서도 만나 보시면 좋을 것 같습니다.

수비라치는 가우디가 설계한 수난의 문을 보고 많이 고민하였다고 합니다. 가우디처럼 사실주의로 조각할지, 아니면 자신이 잘하는 모더니즘 조각으로 할지 말이죠. 그는 선배의 방식을 존중했지만, 어설픈 흉내를 하지 않았습니다. 자신이 가장 잘하는 방식으로 접근하여 조각했습니다.

탄생의 파사드가 고전적, 전통적, 부드러운 곡선이라면, 수난의 파사드는 파격적, 추상적, 간결한 직선이라 말할 수 있습니다. 대비되는 두 파사드가 처음에는 어색해 보이나, 수비라치가 만든 작품에 의미를 알게 되면 가우디 못지않은 예술가임을 알 수 있습니다. 그가 만든 수난의 파사드를 살펴보겠습니다.

야, 나도 가자! 스페인!

수난의 문에도 탄생의 문과 같이 4개의 옥수수탑이 제일 먼저 눈에 들어옵니다. 예수의 제자 4명을 상징하는데요, 그들은 야고보, 도마, 빌립, 바돌로매입니다.

탑 아래쪽에는 조각들이 어지럽게 배치되어 있습니다. 그러나 그 전에, 시야를 방해하는 6개의 기둥이 눈에 먼저 들어옵니다. 이 6개의 기둥이 수난의 파사드 전체 구조를 받쳐주는 중요한 역할을 하고 있습니다.

가우디가 만든 뼈로 만든 집, 까사바트요에서 아이디어를 가져온 구조이죠. 수비라치는 가우디 건축에서 보여주는 '기능에 충실하면서도 아름다운 것'이 건축의 핵심이라고 생각했습니다. 그래서 수난의 문에서 보이는 그리스도의 수난의 하루를, 앙상한 뼈 또는 긴장된 근육으로 표현하였습니다. 이것이 스토리의 긴장감을 더해 줍니다.

수난의 문은 그리스도의 수난의 하루를 표현하였습니다. 최후의 만찬부터 승천까지의 이야기를 다루고 있죠. 예수가 지상에서 겪은 마지막 12시간, 수난과 고통의 순간을 수비라치의 조각들은 상세하게 다루고 있습니다. 12개의 조각들이 어지럽게 배치되어 있습니다. 그래서, 조각을 볼 때 중요한 것은 어떤 조각이 수난의 문의 시작점인지 찾아야 합니다. 핵심적인 조각들을 통해 그날 예수에게 벌어졌던 사건을 살펴보겠습니다.

최후의 만찬(성가족 성당)

야, 나도 가자! 스페인!

첫 번째로 찾아야 하는 조각은 1층에 가장 왼쪽에 있는 조각으로 작품명은 '최후의 만찬'입니다. 예수 그리스도는 십자가를 지기 전날 밤에 제자들과 함께 최후의 만찬을 가지게 됩니다. 그때 예수는 제자들을 바라보며 생각지도 못한 발언을 하게 되죠.

"너희 중의 하나가 나를 팔리라 하시니." (Jonn 13:22)

예수의 입을 통해 예상치 못한 무서운 말이 튀어나오자 제자들은 당황합니다. 그 모습을 레오나르도 다빈치는 최후의 만찬 속 제자의 다양한 표정과 몸짓을 통해 긴장감을 더하는 심리묘사를 보여줍니다.

다빈치는 최후의 만찬 현장에 있었던 것처럼 생생하게 표현하여, 수많은 사람들의 극찬을 받았습니다. 돈 밖에 몰랐던 유다의 이미지를 한 번에 사람들이 알 수 있도록 돈을 움켜쥐는 모습으로 그렸죠. 예수와 같은 그릇에 손을 가까이하는 장면을 통해 다음 장면을 상상하게 만들어줍니다. 성경에는 이렇게 기록되어 있죠.

"내가 떡 한 조각을 적셔다 주는 자가 그니라 하시고 곧 한 조각을 적셔서 가룟 시몬의 아들 유다에게 주시니." (John 3:26)

이와 같은 성경의 말씀을 바탕으로 다빈치는 최후의 만찬 속 인물들의 긴장감 속에서 가룟 유다를 찾게 합니다. 그를 찾을 수 있게 해주는 돈과, 예수와 같은 그릇에 손을 넣는 장면처럼 말이죠. 그래서 다빈치의 그림이 오랫동안 많은 사람들에게 관심을 받았던 것 같습니다.

하지만, 다빈치보다 더 간결하면서 임팩트 있게 표현한 수비라치에 최후의 만찬은 더 재미있습니다. 11명의 제자는 배신자가 있다는 이야기에 예수님 쪽으로 바라보지만, 한 명은 그렇지 못합니다. 그 한 명을 찾아보시겠어요?

맞습니다. 예수님의 시선을 피하고 관객 쪽을 바라보는 한 명의 남자. 그가 바로 배신자 가룟유다입니다. 그가 가룟유다임을 확실시시켜주는 조각이 그의 주먹 아래에 조각되었기 때문입니다. 그의 주먹 아래에 조각된 것은 '개'입니다. '개'가 상징하는 의미는 충성인데요, 끝까지 예수의 제자로서 충성되지 못했던 그를 꾸짖는 의미로 개가 조각되었습니다.

그렇다면 배신자 가룟유다는 어떻게 예수를 배신하고 그를 로마 병사들에게 넘기었을까요? 시선을 한 칸만 오른쪽으로 이동해서 조각을 살피도록 하겠습니다.

두 번째 조각은 '유다의 배신'입니다.

예수와 그의 제자들은 최후의 만찬 이후에 겟세마네 동산에 가서 기도를 합니다. 같은 시각 유다는 제사장들에게 받은 은화 30전에 예수를 팔기 위해 군중을 이끌고 겟세마네 동산을 향해 올라가지요.

시간이 흐르고 예수와 그의 제자들은 산에서 내려오던 중, 산을 향해 올라오던 가룟유다 일행과 만나게 됩니다. 유다에 옆에 있던 군중들은 누가 예수인지 알 수 없었기에 유다의 행동을 기다립니다. 유다가 예수께 다가가 이렇게 말하며 볼 키스를 합니다.

"선생님 접니다."

예수는 자신을 배신하고 파는 유다의 행위를 슬프게 바라보며 그의 볼 키스를 받고 이야기하십니다.

"유다야, 나에게 행하고자 하는 바를 행하라."

지금 이야기해 드린 장면을 수비라치는 두 번째 조각에 새겨둔 것이지요. 두 남자의 볼키스 장면과 함께 반대편에 병사들이 기다리고 있는 모습이 대비됩니다.

유다의 배신(성가족 성당)

유다의 배신이야기는 여기서 끝나지 않고 더욱 섬세한 조각을 통해 우리에게 숨겨진 비밀을 말하고 있는데요, 혹시 찾으셨나요?

두 남자의 옆에 있는 조각들이 보이시나요? 두 남자 중 목을 끌어안고 있는 남자의 옆에 뱀이 조각 되어 있습니다. 이 사람이 바로 가룟 유다입니다. 뱀은 사탄을 상징합니다. 뱀 조각을 통해 사악한 행위를 하는 사람이 가룟유다임을 밝힌 것이죠.

그렇다면 유다의 반대편에서 슬프게 키스를 받아주는 남자가 예수라는 것을 알 수 있습니다. 예수의 옆에는 어떤 조각이 보이시나요? 빙고판을 보셨나요?

정확하게 말하면, 빙고판이 아닌, 마방진입니다. 마방진이란 가로, 세로 및 대각선에 있는 각각의 합이 같도록 배열한 것을 말합니다. 지금 마방진의 가로 합을 더해보시겠어요?

가로의 합은 33, 세로의 합도 33, 대각선의 합도 33인 완벽한 마방진인데요, 예수 그리스도가 사망한 나이가 서른세 살이기에 수비라치는 의도적으로 예수 뒤편에 마방진을 조각한 것입니다.

가우디만큼이나, 수비라치도 훌륭한 예술가입니다. 세심하게 조각을 배치하여 2,000년 전 그리스도의 수난 이야기를 완벽하게 표현하였습니다.

유다의 배신 조각이 있는 곳에서 시선을 오른쪽으로 이동하면 한 남자가 기둥에 묶여 있습니다. 유다는 볼 키스를 통해 예수가 누구인지 사람들에게 알려주었습니다. 병사들은 거칠게 예수를 끌고 가 심문하고 채찍질을 하였습니다.

이때, 절대 예수님을 버리지 않고 떠나지 않겠다고 말한 11 제자가 뿔뿔이 흩어지게 됩니다. 예수의 수제자 베드로 역시도 배신하고 멀찍이 떨어져서 그를 쫓을 뿐이었습니다. 예수가 수난을 당하고 있을 때, 그의 수제자 베드로는 무엇을 하였을까요?

예수의 책형 조각의 오른쪽 조각을 보겠습니다. 한 남자가 힘없이 바닥에 앉아 아래를 보며 슬픈 표정을 짓고 있습니다. 그의 뒤에는 세 명의 여자가 남자에 대해서 무언가를 이야기하는 것 같은 모습으로 조각되었습니다. 이 남자는 무엇 때문에 여자 셋에게 비난을 듣고 괴로워하고 있을까요?

슬퍼하는 베드로(성가족 성당)

그 힌트는 세 여인 옆쪽에 닭 조각이 밝히고 있습니다.

"예수께서 이르시되 내가 진실로 네게 이르노니 오늘 밤 닭이 두 번 울기 전에 네가 세 번 나를 부인하리라." (Mark 14:30)

예수는 최후의 만찬에서 모든 제자가 자신을 버리고 떠날 것을 예언하였습니다. 하지만 예수의 수제자였던 베드로는 모두 주를 버릴지라도 자신은 버리지 않을 것이라고 장담합니다. 하지만 예수는 닭이 두 번 울기 전에 네가 세 번 나를 부인하리라고 선포합니다.

예수의 예언은 맞아떨어졌고, 베드로는 닭이 두 번 울기 전에 세 명의 여인에게 예수를 모른다고 했습니다. 심지어 스승인 예수를 저주한다고 까지 말하였죠. 베드로는 스승의 예언이 맞아떨어진 것을 기억하며 슬프게 울었고, 그 모습을 수비라치는 '베드로의 부인'이라는 작품으로 새겨두었습니다.

예수와 베로니카(성가족 성당)

이제 수난의 문에서 가장 중요한 3가지 조각을 살펴보겠습니다.

첫번째 조각은, 2층 중앙에 있습니다. 얼굴 없는 여인이 남성의 얼굴이 새겨진 수건을 펼치고 있습니다. 그리고 그 옆쪽에 십자가를 지고 있는 그리스도의 모습을 볼 수 있습니다. 이 작품은 "십자가를 메고 가는 예수와 베로니카"입니다.

성경에는 기록되지 않았지만, 구전에 의하면 1세기경 팔레스타인에 베로니카 여인이 살았습니다. 이 여인은 예수의 얼굴에서 흘러내리는 피와 땀을 자신의 베일로 닦아주었죠. 예수가 지나간 후 베일을 확인하자 그리스도의 얼굴이 새겨져 있는 기적을 경험하게 됩니다.

그 기적의 베일은 8세기경부터 성베드로 성당에 보관된 것으로 알려져 있습니다. 그리고 14세기부터 많은 이들이 베일에 경의를 표하게 됩니다. 이때부터, 베로니카에 대한 공경과 대중적인 관심이 늘어나게 되었습니다.

베로니카의 뜻은 베라이콘이라는 라틴어에서 유래하며, 참 모습이라는 의미입니다. 수바라치는 그녀의 참모습은 누구도 알 수 없기에 얼굴 없이 조각하였습니다. 예수만이 그녀의 베일 속에서 환하게 빛나는 모습으로 표현했습니다. 그와 같은 방식의 표현을 통해 베로니카 성녀가 중요한 것이 아니라 예수 그리스도가 중요하다는 것을 강조합니다.

이 작품을 유심히 살펴보면 가우디를 볼 수 있습니다. 예수의 반대편에 서 있는 노인의 모습이 70대의 가우디의 모습입니다. 사실 성당에는 성경의 인물이거나, 성인이 아닌 사람을 조각하는 것이 금지되어 있는데요, 수바라치는 가우디가 성인이 될 자격이 충분하다고 생각하여 미리 만들었다고 밝혔습니다. 그가 가우디를 얼마나 존경했는지 알 수 있는 대목입니다.

수비라치가 가우디를 존경해서 가우디의 작품에서 아이디어를 가져와 조각한 부분이 또 하나 있는데요, 그것은 베로니카 성녀 옆에 있는 로마 병사의 얼굴입니다. 이 얼굴은 가우디가 까사밀라 굴뚝에서 표현한 방식입니다.

스타워즈의 조지 루카스 감독 역시 스타워즈 병사들을 만들 때 굴뚝에서 아이디어를 가져왔습니다. 수비라치는 까사밀라 굴뚝과 유사한 형태의 로마 병사들을 만들어 그가 얼마나 가우디를 존경하는지 조각에 표현하였습니다.

두 번째 조각은, "십자가에 못 박힌 예수" 조각입니다. 3층 중앙부를 보시면 십자가에 못 박힌 예수를 바라보며 슬퍼하는 사람들을 볼 수 있습니다.

십자가에 못 박힌 예수

예수가 십자가에 못 박힌 곳은 골고다 언덕이었는데, 해골이라는 의미를 지닌 곳입니다. 그래서 수비라치는 예수의 발 밑에 해골의 조각을 만들어 사망 장소가 어디였는지 밝히고 있습니다. 동시에 예수의 팔 옆쪽에 보름달 조각은 예수의 죽음이 수난의 문 이야기의 끝이 아니라 부활이 남아 있음을 암시하고 있습니다.

이 작품에서 특이한 것은 조각의 대부분은 돌로 만들어졌는데, 예수님의 십자가만 H빔 철근으로 만들어져 있다는 사실입니다. 또 하나 특이한 것은 철근 H빔에 I라는 알파벳이 적혀 있는 점이죠. 왜 수비라치는 I라는 알파벳을 표기했을까요?

그 이유는 예수 그리스도가 십자가에 처형당할 때, 로마의 총독이었던 빌라도가 죄패를 십자가에 붙였기 때문입니다. Iesus Nazarenus, Rex Iudaeorum(이수스 나자레누스 렉스 유대오룸). 라틴어로 표기된 이 말의 의미는, '유대인의 왕 나사렛 사람 예수'입니다. 이것을 약자로 INRI라고 하여 성화나 조각에서 표현합니다.

수비라치는 모더니즘 조각가답게 I 만으로 INRI의 의미를 함축한 것이지요. 이 작품에 하이라이트는, 성당 밖에서 볼 수 없게 만들어 놓았습니다. 성당 내부로 들어가서 아래쪽에서 위를 보아야 예수의 얼굴과 마주할 수 있게 만든 구조입니다.

즉, 성당 외부에서는 예수의 얼굴을 볼 수 없게 만들어 둔 셈이지요. 하지만 예수의 얼굴보다 더 중요한 의미가 성당 내부에서 예수를 향해 고개를 드는 순간 보입니다. 성소와 지성소를 가로막은 휘장이 찢어지고 어린양이 보이는 장면이 이 작품에 최고의 장면입니다.

성소와 지성소는 구약성경에서 유대의 제사장들만 출입할 수 있는 성스러운 장소입니다. 특히 지성소는 1년에 한 번 대제사장만 출입할 수 있는 중요한 장소였죠.

이렇게 중요한 성소와 지성소의 휘장이 예수 그리스도의 십자가 사건을 통해서 완전히 찢어지게 됩니다. 다시 말해 예수의 성스러운 피로 말미암아 인류의 죄에 문제를 해결하였음을 보여주고 있습니다. 그 증거가 찢어진 지성소 안에 비치는 어린양의 모습입니다.

어린양의 의미는 인류를 대신해서 피 흘려 죽은 예수그리스도를 상징하고 있습니다. 결과적으로 이 작품에 가장 중요한 부분이 성당 내부에서 예수를 바라보는 순간 우리 눈앞에 펼쳐지는 것입니다.

더 이상 성소나 지성소의 구분이 없이 누구든 예수의 보혈을 의지하여 하나님께 나아갈 수 있는 길이 열렸음을 말하고 있죠. 어린양의 피로써 인류의 죄의 문제가 해결되었음을 수비라치는 그의 조각을 통해 표현하였습니다.

승천하시는 그리스도(출처: wikipedia, 성가족 성당)

이제 수난의 문의 마지막 작품입니다. "승천하시는 그리스도"입니다. 4 개의 탑 가운데 황금색 옷을 입고 하늘로 승천하는 예수의 모습을 볼 수 있습니다. 이로써 수난의 모든 이야기가 끝나게 됩니다. 예수의 죽음이 수난의 문에 끝이 아니라, 부활 후 승천하는 이야기로 마치게 됩니다. 그리고 하늘로 올라간 그리스도가 다시 세상에 오는 날을 기록한 내용이 영광의 문에 새겨질 예정입니다.

지금 우리가 수난의 문에서 보았던 조각들이 눈으로 보면 다 똑같아 보이지만, 실제 크기는 다릅니다. 수비라치가 사람의 원근감을 계산하여 조각에 반영하였기 때문에 우리는 편하게 볼 수 있습니다.

즉, 1층에 있는 조각보다 2층 조각이 더 크고, 2층에 조각보다 3층에 조각이 더 큰 것입니다. 그래서 우리 눈에 모든 것이 똑같이 보였던 거죠.

그렇다면 예수그리스도의 승천 조각은 크기가 얼마나 될까요? 예수의 승천 조각은 길이 5m, 무게 2t에 달합니다. 그만큼 작품 전체를 세세히 신경 쓰고 관람자의 시선까지 배려한 치밀함을 느낄 수 있죠.

아직 영광의 문은 공사가 한창 진행 중입니다. 영광의 문이 다 기록되면 개정판을 통해 추가 설명할 예정입니다. 그럼 이제 성당의 내부를 보겠습니다 성당의 내부로 들어오면 엄청난 빛이 쏟아지는 것을 확인할 수 있습니다.

성당 내부에 쏟아지는 빛(성가족 성당)

　야, 나도 가자! 스페인!

유럽에 아니, 전 세계에 어느 성당에 가도 가우디가 만든 성가족 성당보다 더 밝은 빛의 성당을 만날 수는 없습니다. 그것은 기존의 고딕 아치보다 많은 스테인드글라스를 확보할 수 있게 가우디 아치를 만들었기 때문이죠.

그것이 가능했던 이유는 고딕 성당에 있었던 공중 부벽을 제거했기 때문입니다. 그것을 건축용어로 flying burteress(플라잉 버트레스)라고 합니다. 가우디는 플라타너스나무들의 구조를 연구하여 성당의 내부로 가져왔습니다.

그 어떤 고딕 성당의 건축가도 실행하지 못했던, 자연의 건축을 성가족 성당의 내부로 가져온 거죠. 그리고 이러한 성당을 만드는 데 가장 큰 도움을 준 사람이 구엘이었습니다.

가우디가 가장 고민했던 것 중의 하나는 "눈에 보이지 않는 중력을 어떻게 하면 건축의 '적'이 아니라, 건축의 '친구'로 사용할 수 있을까"였습니다. 그래서 그는 도면을 그리기 보다 모형을 만들어 입체적으로 접근하였습니다. 오늘날로 치면 3D캐드와 같은 방식으로 접근을 한 셈입니다.

그것을 건축에서 케이블 곡선으로 부릅니다. 무게가 있는 여러 개의 로프를 연결하여 완전한 구조물의 매달린 사슬 모델을 만들어 볼 수 있습니다. 일반적으로 이러한 기술은 평면 구조와 돔과 같은 회전 대칭이 있는 구조에서 사용되는데요, 가우디는 구엘 성당을 설계할 때 처음으로 이 방식을 적용하였습니다. 가우디가 실험했던 모습의 형태를 사진으로 확인해 볼까요?

푸니쿨라 모형(성가족 성당)   **푸니쿨라 모형 거울**(성가족 성당)

보시는 사진과 같이 가우디는 눈에 보이지 않는 중력을 무게가 있는 여러 개의 로프를 연결하여 완벽한 형태의 모형을 만들었습니다. 그리고 그 모습을 거울에 비추는 순간, 가우디가 꿈꾸었던 성당의 모습의 형상이 거울에 나오게 되는 거죠. 지금 컴퓨터 캐드 기술을 가우디는 100년 전 Funicular 모형실험을 통해 완벽하게 구현해 냈습니다. 그 증거가 성가족 성당 내부 구조입니다.

이러한 방식을 가우디는 연구함으로써 고딕 성당의 한계였던 플라잉버트레스(공중 주벽)를 없애고 더 많은 빛을 성당 안으로 가져올 수 있게 만들었습니다. 사실상 이 부분이 성가족 성당에 가장 중요한 설계입니다.

왜냐하면, 가우디에게 빛은 하나님이 인간에게 주시는 공평한 축복이기 때문입니다. 그는 가난한 사람이나, 부유한 사람이나 신께서 주시는 축복을 받아야 한다고 생각했습니다. 그래서, 성가족 성당 안에 빛이 가득하기를 원했습니다. 가우디에게 빛은 신을 가장 많이 느끼게 하는 대상이었습니다.

성가족 성당의 주제는 나무도 자연도 아닌 빛에 있다고 생각합니다. 그것을 더 많이 느끼게 하는 부분이 성당 내부에 있는 스테인드글라스입니다. 가우디가 만든 탄생의 문은 동쪽에 위치하여 해가 뜨는 아침에 가장 찬란하게 비춥니다. 건축 중인 영광의 문은 남쪽에 위치하여 12시에 가장 많은 빛이 쏟아지게 됩니다. 수비라치가 만든 수난의 문은 서쪽에 위치하여 해가 지는 저녁에 가장 눈부시게 빛납니다.

100년 전에 시간에 따라 변화하는 태양의 위치를 계산하고 3개의 문을 정확하게 배치했다는 사실에 감탄이 나옵니다. 성가족 성당은 하늘에서 찍으면 라틴십자가의 모습을 나타냅니다. 그리고 성당의 내부는 5개의 통로로 구성이 되는데 중앙 본당 천장 높이만 45m에 이를 정도로 높습니다.

가우디는 정문(영광의문)에 선 방문객이 본당, 교차점, 후진의 순으로 볼 수 있기를 의도했고, 그래서 아치형 천장의 높이를 점진적으로 높인 것을 볼 수 있습니다. 영광의 문 쪽에서 앞으로 다가가면 천장이 점점 높아지는 것을 확인할 수 있습니다. 이렇게 멋진 성당 내부에서 놓쳐서는 안 되는 것들이 3가지가 있습니다.

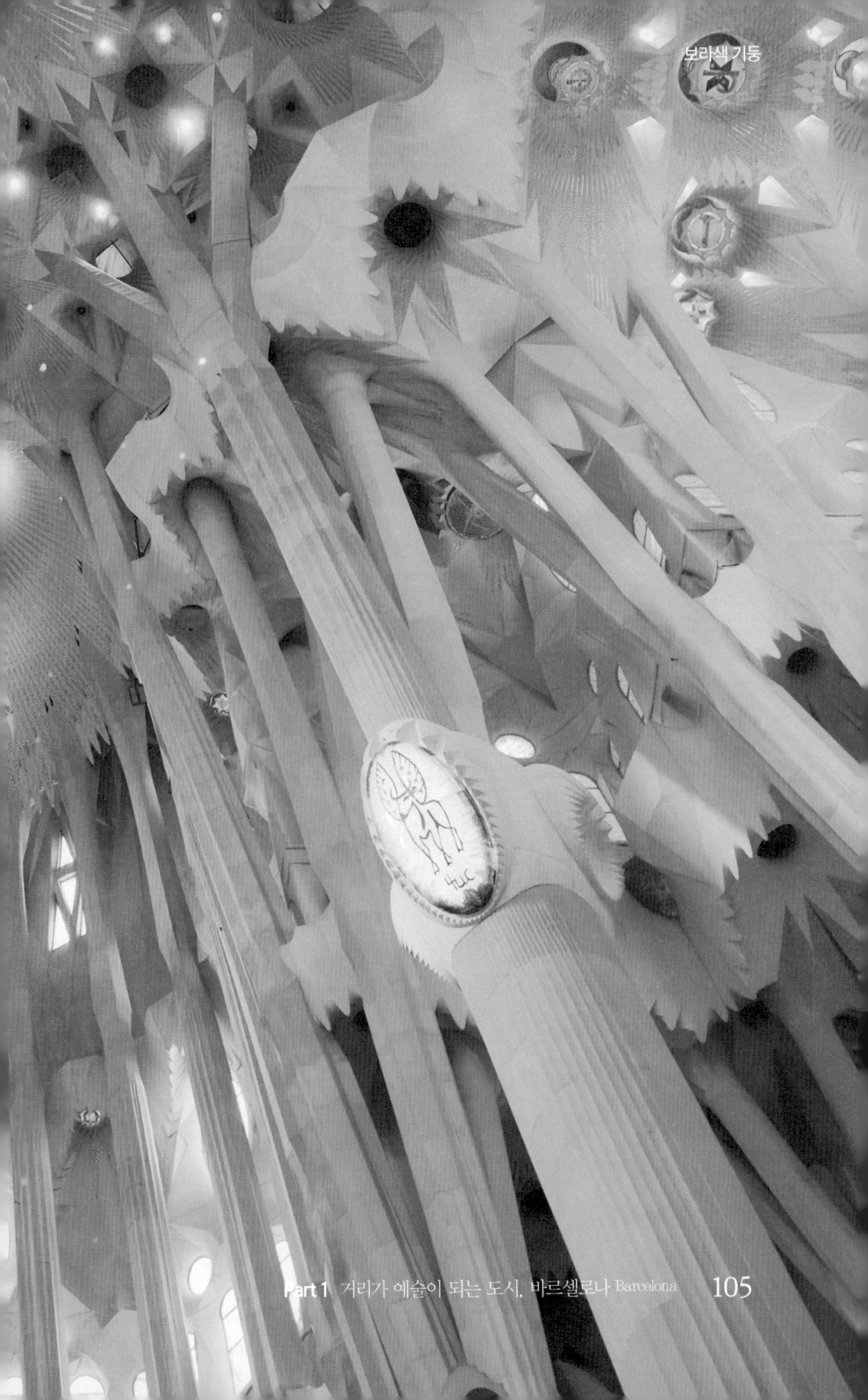

보라색 기둥

첫째, 보라색 기둥입니다.

수많은 기둥들 중에서 네 개의 기둥이 다른 것들과 색이 다릅니다. 연한 보라색을 띄고 있는데요, 나무 기둥의 옹이에 해당하는 부분에 다른 기둥에는 없는 특별한 장식이 있다는 것도 확인할 수 있습니다. 이 장소에서 하늘을 바라보면 이 성당이 하나의 자연처럼 느껴집니다.

나무 숲속을 거닐다가 비처럼 쏟아지는 빛을 맞이하는 것 같은 착각을 불러일으키고요. 나무의 기둥과 가지와 잎, 꽃송이까지 점층적으로 얼마나 섬세하게 만들었는지 하나하나 눈으로 보고 느낄 수 있습니다. 단순한 건축이 아니라, 살아 있는 유기체와 같은 착각을 성당 내부에서 마주하게 됩니다.

가우디는 자연을 자신의 건축에 담고 싶었던 것 같습니다. 그래서 보라색 기둥을 자세히 보면 플라타너스 나무가 떠오릅니다. 기둥이 올라가면서 정사각형 바닥이 팔각형으로 변하고, 16각형이 되고, 결국 원형으로 변하는 것이죠.

18개의 탑이 다 올라갈지라도 무너지지 않는 강력한 하중을 갖게 됩니다. 이러한 방식의 건축은 지진을 대비하는 강력한 건축기법입니다. 가우디에게 자연은 아름다움을 넘어 기능의 완성이었습니다.

가우디 당시에 많은 예술가들은 그가 조잡한 예술을 추구하느라 기능은 놓친다고 깎아내렸습니다. 그것은 완전히 잘못된 말이었죠. 왜냐하면, 자연은 완벽한 예술이며, 완벽한 기능이라는 것을 가우디가 성가족 성당에서 증명하였기 때문입니다. 그렇다면 보라색 기둥의 옹이에 있는 장식은 무엇이며, 어떤 의미들을 담고 있을까요?

네 개의 보라색 기둥은 4대 복음서의 저자인, 마테오, 마르코, 루카, 요한을 상징합니다. 그리고 유리 장식에 새겨진 형상은 그들의 상징물인데요, 마테오는 사람을, 마르코는 사자를, 루카는 황소를, 요한은 독수리를 나타냅니다. 가우디는 예수 그리스도의 생애 기록을 남긴 4대 복음서를 중요하게 생각했습니다. 그래서 복음서 저자의 탑을 특별히 신경썼음을 알 수 있습니다.

둘째, 주기도문입니다.

영광의 문이 있는 남문에는 전 세계인들의 언어로 기록된 주기도문을 볼 수 있습니다. 남문 자체가 주기도문으로 가득차 있는데, 이 문은 2010년 11월 7일에 열렸습니다. 6,500명의 신도가 모인 가운데 베네딕토 16세 교황에 의해 봉헌미사가 진행되었습니다.

이때, 성가족 성당은 Basilica(바실리카) 칭호를 얻게 되었습니다. 전 세계에서 중요한 성당으로 인정받은 곳에만 부여되는 칭호이죠. 현재 남문은 닫힌 상태이고, 주기도문은 현수막으로 방문자들에게 공개하고 있습니다. 전 세계의 언어로 기록된 주기도문에 내용 중 한국어로 된 부분도 찾을 수가 있는데요, 이렇게 기록되어 있습니다.

"오늘 우리에게 필요한 양식을 주옵소서"

셋째, 가우디 박물관입니다.

수난의 문 옆에는 가우디가 만든 학교가 있습니다. 성가족 성당을 만드느라 고생했던 노동자들의 자녀들을 배려한 것이죠. 공부할 형편이 되지 못해서 아버지가 일하는 공사 현장에서 놀고 있는 아이들을 가우디는 안타깝게 바라보았습니다. 그래서 그들을 위해 학교를 짓고 공부를 할 수 있도록 후원하였습니다. 건축만 잘하는 것이 아니라, 그의 인품도 훌륭했음을 알 수 있죠.

가우디가 만든 학교 옆에는 가우디 자료실이 있습니다. 가우디가 어떻게 성가족 성당을 만들었는지 그 어떤 곳보다 자세하게 사진과 기록물과 모형을 통해 설명하고 있습니다. 예를 들어, 까사밀라 옥상의 굴뚝이나 성가족 성당 나선형 계단이 달팽이에게서 가져왔음을 알 수 있습니다. 또한 성가족 성당의 지붕 장식은 꽃봉오리를 모방한 것이라는 것을 알 수 있죠. 그리고 방금 제가 이야기했던 학교의 지붕은 나뭇잎에서 그 아이디어를 가져온 것임을 밝히고 있습니다. 자료실에는, 성가족 성당이 만들어지는 구조와 원리인 다양한 기하학의 형태 역시도 자연으로부터 아이디어를 얻어 건축에 적용했음을 알 수 있습니다. 다양한 사진과 기록물은 가우디의 건축을 이해하는데 큰 도움이 됩니다.

"나의 영원한 스승은 자연이다. 자연은 가장 완전한 구조이다."

가우디의 꿈은 성가족 성당입니다. 그리고 성가족 성당에는 가우디의 3가지의 소망이 담겨 있습니다.

첫째는, 성가족 성당을 통해 카탈루냐 지역이 전 세계에 알려지기를 바랐습니다. 오랫동안 스페인 중앙정부에 의해 문화와 예술성을 파괴당했던 카탈루냐 민족의 부활이 성가족 성당으로부터 일어나기를 간절히 바랐습니다.

둘째는, 아름다우면서 완벽한 기능을 갖춘 자연을 건축으로 만들고자 하였습니다. 왜냐하면, 자연이야말로 가장 완벽한 건축이라고 생각했기 때문입니다.

셋째는, 하나님을 예배하는 공간으로써 성가족 성당을 만들었습니다. 하나님 사랑, 이웃사랑을 실천하는 현장이 가우디에게는 성가족 성당이었습니다. 신은 서두르지 않듯, 가우디도 서두르지 않고 매일 성당 건축을 하며 충실하게 살았습니다.

그 충실함이 모여 43년이 되었고, 그의 꿈은 바르셀로나의 꿈이 되었습니다. 142년째 건축 중인 성가족 성당은 이제 가우디의 꿈을 넘어 전 세계인의 꿈이 되었습니다. 매일 꿈이 자라나는 성가족 성당에 방문하여 가우디의 꿈과 열정을 만나 보시기 바랍니다. 그리고 그곳에서 여러분의 꿈과 열정도 찾으셨으면 좋겠습니다.

Barcelona

1. 레스토랑 입장 시에 인사(Hola, 올라)하기.
2. 원하는 자리가 있다면, 웨이터에게 이야기하고 앉기.
3. 음식 메뉴를 주문하기 전 음료부터 주문하기.
4. 음료를 마시면서, 메뉴를 결정하고 주문하기.
5. 요청사항이 있는 경우, 손을 들어 의사 표현하기.
6. 계산은 테이블에서 진행하기.
7. 팁은 의무가 아니라 권리.

스페인 레스토랑은 테이블을 담당하는 서버와 소통이 중요합니다. 필요한 것들이 있을 때, 부르기보다는 손을 들어 의사를 표현해주세요. 그렇게 하는 것을 그들은 예의라고 생각합니다. 우리나라에 비해 느리더라도 스페인 문화를 이해하며 천천히 식사 시간을 즐기셨으면 좋겠습니다.

Menu del dia(메뉴 델 디아, 런치세트)

스페인 여행 가시는 분들은 꼭 기억하면 좋은 게 있는데요, 그것은 메뉴 델 디아입니다. 평일 점심식사를 배부르게 먹는 문화입니다. 전식(샐러드), 본식(고기, 생선, 빠에야), 후식(디저트), 음료(물, 맥주)까지 제공됩니다. 단, 가게들마다 일부 품목이 빠질 수 있습니다. 가게마다 가격은 다르지만 15유로에서 20유로 정도면 괜찮은 식사를 즐길 수 있습니다. 가게에 가셔서 "menu del dia por favor."(메뉴 델 디아 뽀르 파보르)라고 이야기해 주시면 메뉴판을 받고 주문을 할 수 있습니다.

메뉴 델 디아 맛집

이름 Restaurant Las Cuatro Encinas(레스타우란트 라스 꾸아트로 엔시나스)
위치 Carrer de casp, 28, L'Eixample, 08010 Barcelona, Spain(카탈루냐 광장 근처)
팁 1시 이후로는 웨이팅이 있음. 메뉴 델 디아는 매일 메뉴가 다름. 서버에게 메뉴 추천 받아서 주문.

1일차	주간	까사밀라, 까사바트요, 구엘 공원, 성가족 성당 or 가우디투어
	야간	람블라스 거리, 고딕지구 야경투어
	명소	1. 가우디 투어 추천 2. 내부 입장은 공원+성당(온라인 사전예매 필수) 3. 낮과 밤이 다른 고딕지구, 낮에는 개별적으로, 밤에는 투어로 추천
	맛집	1. La paradeta(라 빠라데타, 해산물) 2. vinitus(비니투스,타파스) 3. cerveceria catalana(세르베세리아 까딸라나 타파스) 4. El Glop(엘글롭,빠에야) 5. patagonia beef &wine(파타고니아, 스테이크) 6. Restaurant Bellebuon(레스타우란트 베예부온, 파스타)

2일차	주간	카탈루냐 광장→보케리아 시장→고딕지구→보른지구→개선문→시우타데야 공원
	야간	까사바트요 매직나이트
	명소	1. 바르셀로나 구시가지의 매력을 경험하는 시간(편한 운동화 추천) 2. 가방은 앞으로. 휴대폰은 테이블로 올려두지 않기 (소매치기 조심)
	맛집	고딕 1. Xurreria laietana(츄레리아 라이에타나, 츄러스) 2. right side coffee bar(커피 맛집) 3. viena(비에나, 메뉴 델 디아 맛집) 보른 1. Bubo(부보,디저트) 2. cafes el magnifico(카페스 엘 마그니피코 ,커피 맛집) 3. la chinata(라 치나타, 올리브 전문점) 4. casa Lolea(까사 로레아, 타파스 맛집)

3일차	주간	캄푸누 경기장→포트벨 항구→바르셀로네타 해변
	야간	로셀론 호텔 루프탑
명소		주간 1. 바르셀로나 경기장 관람 2. 해변산책 3. 자전거대여 4. 수영 야간 성가족 성당 루프탑에서 관람(입장료 7유로)
맛집		1. can majo (깐마호, 먹물빠에야) 2. bacoa burger(바코아 버거, 수제버거) 3. la paradeta(라빠라데타, 해산물)

4일차	주간	근교도시
	야간	야간 옵션 중 택 1
명소		1. 지로나(Girona) 2. 몬세라트(Montserrat) 3. 시체스(Sitges)
루트		지로나 (passeig de Gracia, 빠세이그 데 그라시아역에서 기차편도 1시간 20분) 몬세라트(에스파냐역에서 기차 + 산악열차(몬세라트 통합권 구매, 편도 1시간 30분) 시체스(passeig de Gracia역에서 기차편도 1시간)

Part 2

스페인의 심장, 예술 도시
마드리드 *Madrid*

1

인류 역사상 가장 위대한 그림

: 시녀들

1986년 영국의 한 잡지사에서 당시 활동하던 미술평론가들에게 설문조사를 했습니다.

"역사상 가장 위대한 그림이 무엇이라고 생각하십니까?"

전 세계 평론가들은 주저하지 않고 말하였습니다.

"그 작품은 벨라스케스의 〈시녀들〉입니다."

처음에 결과를 들었을 때 의아했습니다. 미켈란젤로의 천장화, 다빈치의 〈모나리자〉, 라파엘로의 〈아테네 학당〉 등 너무나 유명한 작품들이 머리에 스쳐갔기 때문입니다.

하지만, 프라도 미술관에서 벨라스케스의 〈시녀들〉을 실제로 보고 왜 이 작품이 인류 역사상 가장 위대한 그림으로 평가받는지 알게 되었습니다. 왜 수많은 평론가들이, 벨라스케스의 〈시녀들〉을 극찬했는지 그림을 통해 소개하겠습니다.

그림을 설명하기 전에 배경을 먼저 이야기드리겠습니다. 현재 보고 있는 그림은 스페인 합스부르크 왕가의 펠리페 4세 가족과 궁정 식구들입니다. 펠리페 4세 시기는 스페인의 무적함대가 영국에 의해 무너지고 황금 시기가 저물어 가던 시절이었습니다.

하지만, 예술을 사랑했던 펠리페 4세는 궁정 화가 벨라스케스가 마음껏 그림을 그릴 수 있도록 후원해 주었습니다. 그리고 후원을 받아 이탈리아에서 공부하고 성장한 벨라스케스는 스페인을 넘어 세계적인 화가로 성장할 수 있었습니다. 그가 세계적인 화가라고 인정받게 된 그림이 지금 우리가 보고 있는 〈시녀들〉입니다. 마치 카메라로 사진을 찍은 것처럼 생동감이 넘치는 그림인데요, 등장인물부터 살펴보겠습니다.

시녀들 숫자(출처: wikipedia, 프라도 미술관)

1. 마르가리타 공주   2. 시녀 1   3. 시녀 2
4. 난쟁이 1   5. 난쟁이 2   6. 샤프롱
7. 호위병   8. 왕비 집사   9. 벨라스케스
10. 왕 펠리페 4세   11. 왕비 마리아나

11명의 인물 중에서 누가 주인공일까요? 주인공을 찾는 방식으로 이야기를 풀어가겠습니다. 이 그림은 화가가 자신이 어떠한 배경을 가지고 그렸는지 밝히지 않았기에 다양한 가설을 세우고 접근해야 할 필요성이 있습니다. 상상과 사실을 바탕으로 그림의 주인공을 함께 찾는 것이 이 그림을 더욱 매력적으로 느끼게 합니다.

시녀들 원작(출처: wikipedia, 프라도 미술관)

첫 번째 주인공 후보는 마르가리타 공주님입니다. 그림에 중앙에 배치되어 있으며, 빛이 그녀에게 쏟아지는 모습을 통해 이 그림의 후보로 가장 적합하게 느껴지는 인물입니다. 그림 속 공주는 펠리페 4세 왕가의 하나밖에 없는 자녀였습니다. 귀한 왕손이었기에 시녀들도 각별히 그녀를 돌보았던 것을 그림을 통해 느낄 수 있죠.

5살의 귀여운 공주의 모습을 자세히 살펴보면 옆에 있는 시녀들과 다른 한 가지 차이점을 발견할 수 있습니다. 그것은 바로 시선입니다. 시녀들의 시선은 공주를 향해 있지만, 공주의 시선은 그림을 보고 있는 관객(우리)을 향하고 있습니다. 이 시선이 우리를 두 번째 주인공 후보로 향하게 만듭니다. 두 번째 주인공을 찾아볼까요?

두 번째 주인공 후보는 왕과 왕비입니다. 그림 뒤편의 거울에 비친 흐릿한 왕과 왕비의 모습을 찾아볼 수 있습니다. 이 거울을 통해 우리는 한 가지 사실을 깨닫게 됩니다. 현재 우리가 그림을 바라보는 자리에 왕과 왕비가 배치되어 있다는 사실이죠. 그렇다면 벨라스케스가 보여주고 있지 않은 캔버스에 그려지고 있는 그림은 왕과 왕비의 초상화일 것입니다.

이제야 그림이 정리가 되네요. 1656년 스페인 마드리드 왕궁의 한 방에서 벨라스케스는 왕과 왕비의 그림을 그리고 있었습니다. 그는 두 사람을 그리기 위해 온 신경을 집중하였고, 그의 눈은 왕과 왕비를 관찰 중이었습니다. 찰나에 순간에 영원을 담아내는 섬세한 붓질이 캔버스를 채우는 순간이었습니다.

"엄마, 아빠! 여기서 뭐 하세요?"

펠리페 4세 왕가에 단 하나밖에 없는 자녀, 마르가리타 공주의 등장이었죠.

"공주님 이러시면 안 돼요~!"

놀란 시녀들은 왕과 왕비에게 달려가는 공주를 타이르기 시작합니다. 그때 함께 달려온 어릿광대들은 공주의 시선을 끌기 위해 다양한 퍼포먼스를 펼치고요. 갑작스러운 상황에 벨라스케스 역시도 당황합니다. 하지만 다시 왕과 왕비에게 집중하여 그림을 그립니다. 그 순간이 지금 우리가 마주하는 그림의 모습입니다.

어떠세요? 이제 이 그림이 그려진 배경과 상황들이 이해되나요?

하지만 이 사실이 맞는 것인지 사실을 검증하는 과정이 남았습니다. 그래서 저는 〈시녀들〉에 관련된 사료와 펠리페 4세 시기에 그려졌던 그림을 프라도 미술관을 방문하여 찾았습니다. 그리고 놀라운 사실을 발견하게 되었는데요. 스페인 합스부르크 왕가에서 왕과 왕비의 초상화를 같이 그린 것은 단 한 점도 없다는 사실이었죠. 공주와 함께 그린 그림도 당연히 없습니다. 그렇다면, 공주를 위해 그린 그림도 아니고, 왕과 왕비를 위해 그린 것도 아닌 그림이 됩니다.

저는 풀리지 않는 〈시녀들〉 속 주인공이 누구인지 찾기 위해 18세기의 자료들을 찾았습니다. 그리고 18세기 자료에서 〈시녀들〉의 원제목을 발견하였습니다. 원제는 '가족'이었습니다. 이를 통해 추측할 수 있는 것은 펠리페 4세 가족의 행복했던 순간을 그린 그림이라는 생각으로 이 그림을 정리하게 되었습니다.

그렇게 정리하려 하는데, 또 한 가지 풀리지 않는 궁금함이 밀려옵니다.

"가족이라는 이름으로 불리는 그림을 그릴 거면, 가족들만 그리지, 왜 시녀들과 광대들까지 그렸을까? 그리고 도대체 왜 화가는 가족이라고 불리는 그림 속에 같이 포함되고 있는 거지?"

그래서 저는 이 그림을 이해하는 것을 포기하고, 화가를 연구하게 되었

습니다. 이제 〈시녀들〉의 마지막 주인공 벨라스케스의 이야기를 시작하겠습니다. (벨라스케스 시점)

　나는 1599년 스페인 세비야에서 유대인 아버지와 하급 귀족 출신의 어머니 사이에서 태어났다. 어렸을 때부터 부모님은 신을 경외하고 배움을 계속하여 유능한 직업을 가져야 한다고 강조했다. 하지만 나는 그들이 나에게 원하는 것보다 더 강렬히 원하는 한 가지가 있었다. 그것은 몇 번의 스케치로 눈앞에 있는 것을 불멸의 대상으로 만드는 그림에 대한 열망이었다.

　언어학과 철학 공부를 열심히 하라고 하셨다. 그래서 최선을 다해 공부했지만, 나는 부모님이 나의 그림에 대한 열정을 알아주기를 바랐다. 그래서, 끊임없이 그리고 또 그렸다. 그런 나의 마음이 닿은 걸까? 낡은 서랍 속에 숨겨둔 그림을 발견한 아버지는 말없이 고개를 끄덕이셨다. 그리고 이탈리아 화풍을 죽도록 거부했던 그림 천재 '에레라'에게 나를 지도해 달라고 부탁하였다.

　나는 사실 그를 썩 좋아하지 않았다. 매일 술을 마셔서 얼굴이 홍당무처럼 빨갛고 싸구려 와인 냄새에 찌든 화실의 어두운 분위기가 싫었다. 사실 난 그가 제대로 그림이나 그릴 수 있을지 의심스러웠다. 하지만 나의 의심은 그가 그림을 그리는 순간 모두 지워졌다.

　긴 붓을 가지고 캔버스에 앉은 그의 모습은 사뭇 진지했고, 그의 붓질 몇 번에 완벽한 형태의 그림이 만들어지는 것을 보고 입을 다물 수가 없었다. 나는 그에게 1년 동안 붓을 어떻게 사용해야 대상을 실물보다 더 사실적으로 묘사할 수 있는지 배울 수 있었다. 하지만 우리의 인연은 그다지 길지 않았다.

　12살이 되었을 때, 그와 이별해야 했던 그 순간이 떠오른다. 늘 덜덜 떨리는 손으로 내가 오기를 기다렸던 에레라와 마지막 인사를 하고 화실을 떠났다. 나는 그를 좋아했지만, 더 이상 그에게 배울 것은 없었다.

"벨라스케스 미술을 대하는 너의 진심을 1년 동안 지켜보았다. 아버지는 너의 꿈을 지원하기 위해 세비야 최고의 화가를 스승으로 모셔왔다. 그를 만나보겠니?"

세비야 최고의 화가 파체코와의 만남이었다. 그와 만남은 나의 인생을 송두리째 바꾸어 놓았다. 만일 그날 아버지가 나에게 파체코를 소개하지 않았다면, 나는 오늘날의 벨라스케스가 될 수 없었을 것이다. 그만큼 나에게 파체코는 스승이며 은인이었다.

나는 그에게서 그림을 더 깊이 배울 수 있었고, 그의 소개로 수많은 사람을 만날 수 있었다. 그를 만난 이후로 나의 이름은 세비야에서 유명해졌고, 스무 살이 되었을 때는 파체코보다 더 유명한 화가가 될 수 있었다. 하지만 거기에는 한 가지 조건이 있었다.

"벨라스케스 우리 딸 어떻니? 예쁘지 않니?"

19살, 나는 사실 결혼에 크게 관심이 없었다. 오직 그림에 매진하여 성장하는 것이 유일한 기쁨이었다. 하지만 파체코는 내가 그녀의 딸과 결혼하기를 원했고, 나는 그녀를 잘 몰랐지만, 앞으로의 미래를 생각하여 그녀와 결혼했다. 그리고 나에 대한 파체코의 신뢰는 더욱 커져만 갔다.

1623년 24살, 인생의 전환기를 맞이하는 사건이 벌어졌다. 2년 전 왕의 사제였던 폰세카의 초상화를 그렸는데, 그 그림이 왕궁에 걸리게 되면서 내 이름이 왕궁 사람들에게 알려지게 되었다. 물론 그 기회를 열어준 것은 나의 장인 파체코였다.

왕의 초상화를 그리라는 명령을 받고 마드리드로 향하였다. 가는 내내 심장이 터질 것만 같았다. 지평선 너머에 존재할 것만 같은 왕을 만나러 가다니 믿어지지 않았다.

"자네가 벨라스케스인가, 편하게 그리거라."

고요함이 밀려온다. 젊은 왕은 키가 크고 피부가 눈처럼 새하얗다. 온화하였고, 미소를 띠고 있었다. 나는 주변에 모든 것을 어둠으로 가득 채우고 왕에게 모든 신경을 집중했다. 오직 빛나는 것은 붓과 왕뿐이었다. 조금의 망설임도 없이 모든 기술을 쏟아부었다. 머리가 기억하지 않았다. 오직 몸이 반응하여 춤을 추듯 완벽하게 펠리페 4세를 그려내고 있었다.

"거짓 없고 깨끗한 그림이야, 마음에 든다. 자네 가족 모두 왕궁으로 들어와서 살 준비를 하거라. 앞으로 너 이외에 누구도 짐을 그릴 수 없고, 네가 그린 그림은 마드리드 왕궁을 떠날 수 없다."

젊은 왕은 내가 그린 그림을 보고 미소를 띠며 나갔다. 심장이 터질 것처럼 뛰고 있었다. 나는 왕의 신하가 되었고, 그의 친구가 되었다.

마드리드에서 내가 본 왕은 위대한 존재라기보다 외로운 존재였다. 할아버지(펠리페 2세)때부터 벌어졌던 수많은 전쟁은 스페인 재정을 부실하게 만들었고, 여러 반대 세력을 만들게 되었다. 펠리페 4세가 왕으로 등극하였을 때는, 대내외적인 문제들이 가득했고 끊임없이 그를 괴롭혔다.

그는 행정업무와 정치적 이권 다툼에 힘겨워 보였다. 엎친 데 덮친 격으로 그의 첫째 아들 발타자르도 4살에 사망하였다. 슬픔이 채 가시기도 전에 그는 나에게 놀라운 말을 하였다.

"벨라스케스, 오늘부터 발타자르의 방은 너의 방이다."

"전하, 어찌 그런 말씀을…."

"더 이상 묻지 말고 그렇게 하거라."

펠리페 4세는 나를 외로운 왕궁 생활의 동료이며 친구로 생각해 주었다. 그는 화려한 왕궁에 살고 있었지만 늘 외로운 존재였고, 나 역시 외로운 사람이었다. 우리는 서로를 그 누구보다 아끼고 응원하는 관계였다.

특히, 그는 나에게 2번이나 이탈리아에서 그림 공부를 할 시간과 재정을 지원해 주었다. 그 시간을 통해 나는 미술의 모든 것을 완벽히 꿰뚫을 수 있게 되었다. 펠리페 4세의 그림 사랑은, 벨기에, 네덜란드, 독일, 이탈리아, 프랑스, 오스트리아, 스페인 등의 최고의 그림을 마드리드 성에 배치할 수 있게 만들었다. 그 컬렉션을 모두 나에게 맡기며, 나를 최고의 화가가 될 수 있게 만들어 주었다.

나는 그에게 보답하고 싶었다. 그리고 동시에 내가 누구인지 표현하고 싶었다. 1656년 나는 내 존재의 의의를 관철하기 위해 붓을 들었다. 왕궁에서 내가 사랑했던 이들을 모두 캔버스 안으로 불러들였다. 숨도 쉬지 않고 그리고 또 그렸다. 플랑드르의 거울 기법, 이탈리아의 비례와 원근법, 세비야에서 배운 사실적인 붓 터치까지, 나는 지금까지 배운 모든 것을 한 폭의 그림에 담았다.

내가 그린 그림은 대상을 보고 그린 것이 아니라, 상상하며 그린 그림이었다. 그리고 그 그림에 주인공은 바로 나 자신이었고, 합스부르크 가문과 함께 했던 행복한 순간이었다. (벨라스케스 시점 끝)

지금 이야기한 부분은 벨라스케스의 사료들을 근거로 해서 쓴 내용입니다. 그렇다면 이 그림의 진짜 주인공이 벨라스케스라고 하는 근거는 무엇일까요? 저는 2가지라고 생각합니다.

첫째는, 그의 가슴에 그려진 십자가 문양입니다. 이 문양은 "산티아고 기사단"의 표식으로서 스페인 최고 귀족에게만 수여되는 것입니다. 당시 화가들은 기술자로 인식되어 최고 귀족으로 인정받기 어려운 시대였습니다. 그런 시대 속에서 그를 절대적으로 지지했던 왕 덕분에 1659년 최고의 귀족이 될 수 있었습니다.

이를 통해 한 가지를 알게 됩니다. 1656년 처음 그림을 그릴 때는 이 문양이 없었다는 것입니다. 이 문양은 3년뒤에 그려졌죠. 이 사실을 통해 화가가 아니라 지식인으로서, 귀족으로서 인정받았다는 것을 알 수 있습니다. 또한 그 사실을 그가 자랑스러워했기에 원작이 그려지고 3년 뒤 문양이 그려진 것입니다.

둘째는, 우리를 바라보는 벨라스케스의 시선입니다. 저는 우리를 바라보고 있는 벨라스케스를 볼 때마다 떠오르는 명언이 있습니다.

"나는 생각한다, 고로 존재한다."

벨라스케스의 시선과 마주할 때마다, 데카르트가 떠오릅니다. 그 이유는 그가 우리를 보고 생각하고 있기 때문입니다. 벨라스케스는 화가에 대한 자부심이 대단한 사람이었습니다. 그렇다면, 그림을 그리고 있는 장면이나, 자화상을 그리면 충분했을 것입니다. 그런데 그는 그림을 보고 있는 관객을 바라보고, 이젤의 반대편에 무엇을 그리는지 보여주지 않고 있습니다. 영원한 비밀로 만들어 버린 그의 의도대로 말이지요. 마치 자신을 화가가 아니라 철학가처럼 만들고 싶었던 것은 아니었을까요?

화가의 가장 아름다운 순간은 대상을 그리는 순간이 아니라, 대상의 본질을 꿰뚫는 관찰의 시간이라고 말하는 것 같습니다. 더 깊이 말하자면, 대상의 본질을 사색하는 순간이 화가의 가장 아름다운 순간이라고 말하는 것만 같습니다. 그래서 이 그림은 회화의 철학처럼 느껴집니다.

19세기에 마네가 파리에서 사진기를 통해 촬영한 세상을 마주하고, 프라도 미술관을 방문합니다. 벨라스케스의 〈시녀들〉 앞에 섰을 때, 그는 이렇게 말했죠.

"벨라스케스는 화가 중에서도 진정한 화가이다."

인상주의에 대가인 그가 가장 존경하고 담고 싶어했던 화가는 벨라스케스였죠. 왜냐하면, 마네가 꿈꾸었던 생동하는 사실감을 가장 잘 표현한 화가였기 때문입니다.

벨라스케스 최고의 기술인 '알라 프리마'를 마네가 포착해보았습니다. 최소한의 터치로 그려야만 생동하는 그림을 그릴 수 있죠. 그와 같이 그릴 때, 스케치를 하지 않습니다. 몇 번의 붓질로 그림을 완성해야 하는 고난이도의 기술입니다.

그러한 그림을 그리기 위해 가장 필요한 재능은 직관력입니다. 그래서 덧칠을 최대한 줄이고 최소로 그려야 〈시녀들〉과 같은 생동하는 작품을 그려낼 수 있습니다. 마네는 그 사실을 〈시녀들〉을 보고 알게 된 거죠. 가까이 가면 거칠고, 멀어지면 부드러워지는 생동감 넘치는 〈시녀들〉을 보면서 왜 인상주의 화가들이 그에게 매료되었는지 알 수 있습니다.

스페인의 국보로 인정받으며, 프라도 미술관을 단 한 번도 떠나지 않는 〈시녀들〉을 프라도 미술관에서 만나 보시기 바랍니다.

2

스페인 천년 수도의 심장

: 톨레도 대성당

1561년 스페인의 수도는 마드리드가 되었습니다. 1,000년 동안 스페인의 수도로서 역할을 이어왔던 톨레도의 명성은 한순간에 떨어지게 되었죠. 그럼에도 불구하고 톨레도에서 변함없는 명성을 자랑하고 있는 곳이 한군데 있습니다. 그곳은 바로 톨레도 대성당입니다.

스페인의 수도가 톨레도에서 마드리드로 옮겨질 때, 중요한 많은 것들이 마드리드로 이전되었습니다. 하지만 옮길 수 없었던 한 가지가 있었는데요, 그것은 바로 종교입니다. 왜냐하면, 1000년이 넘는 세월 동안 수많은 전쟁을 겪으면서 국민들을 하나로 결집하였던 장소였기 때문입니다.

톨레도 대성당은 스페인 국민들에게 수도 이상의 가치를 가지고 있는 고향 같은 곳입니다. 스페인 그 어느 도시보다 뜨거운 신앙심을 확인할 수 있습니다. 스페인 가톨릭 총본부가 자리한 대성당인 이곳은 587년부터 성당이 존재하였습니다.

1226년 이슬람 모스크의 일부를 허문 자리에 대성당 건축이 시작되었습니다. 1209년부터 톨레도의 주교였던 히메네스 주교의 제안이 있었기 때문입니다. 그는 수도인 톨레도에 있는 성당이 다른 지역보다 보존이나 관리가 잘 안되는 부분을 교황청과 국왕에게 보고했습니다. 그의 10년이 넘는 노력 끝에 1226년 오늘날의 톨레도 고딕 대성당 건축이 시작될 수 있었습니다.

성당의 거대한 규모와 함께 다양한 장식이 추가되면서 300년의 긴 시간이 소요되었습니다. 엄청난 비용과 오랜 세월에도 불구하고 건축이 지속될 수 있었던 원동력은, 귀족들의 후원이 있었기 때문입니다.

그렇다면 귀족들은 왜 그렇게 큰 비용을 성당에 후원했을까요? 그 이유는 카펠라 때문입니다. 카펠라는 성당 안에 있는 작은 예배당인데요, 유력한 귀족들은 톨레도 대성당 내부에 자기 가문만의 예배당을 가지기 원했습니다. 그 공간에서 가족을 위한 개인 미사를 진행할 수 있었죠. 게다가 가족들 중 누군가 사망했을 때에는 카펠라에 매장할 수 있었습니다. 이러한 특권을 누릴 수 있었기에 많은 귀족들이 성당에 후원을 한 것이었습니다.

당시에 카펠라 안에서 미사가 진행될 때는, 악기를 연주할 수 없었습니다. 그래서 사람의 목소리를 통해 미사가 진행되었는데, 이것을 아카펠라라고 불렀습니다. 아카펠라는 '카펠라에서'라는 의미를 가지기도 합니다.

톨레도 대성당 안에 존재하는 수많은 카펠라를 통해 성당 안에 자신의 공간을 가지고 싶어 했던 귀족들의 욕망을 엿볼 수 있습니다. 그리고 그들의 열렬한 지지와 후원금을 통해 1493년 대성당은 마침내 완성될 수 있었죠. 하늘에 닿을 듯한 뾰족한 첨탑과 천국을 향한 열망을 담은 화려한 스테인드글라스가 성당의 특징입니다. 대성당은 길이 113m, 너비 57m, 중앙 높이 45m의 거대한 규모를 자랑합니다. 한 바퀴 돌아보는 데 최소 1시간 이상이 걸릴 정도로 많은 공간과 작품들이 가득하죠.

그렇다면 이 많은 작품 중 어떤 작품이 중요한 작품일까요? 시간이 없으시더라도 지금 소개해 드리는 3가지는 꼭 살펴 보시길 바랍니다.

첫 번째는, 성가대석(Coro)입니다.

성가대석 자체에서 느껴지는 아름다움도 있지만, 유심히 봐야 하는 것은 대리석 기둥과 조각들입니다. 대리석 기둥은 일반적인 가톨릭 성당에서 보이는 하얀색이 아니라, 붉은색을 띠고 있는 것을 볼 수 있습니다. 이러한 형태의 대리석을 볼 수 있는 곳은 스페인 코르도바에 있는 메스키타 사원입니다. 이를 통해, 톨레도에 있던 모스크에서 사용하였던 대리석이 톨레도 대성당이 지어질 때 활용된 것을 알 수 있습니다.

로마네스크 아치들이 기둥을 덮고 있는 모습을 통해 무데하르 양식이라는 것을 느낄 수 있습니다. 무데하르란, 이슬람 건축에 가톨릭 건축이 더해진 것을 말합니다. 이와 같은 건축양식은 유럽 국가 중에서 스페인에서 많이 발견되는데, 그 이유는 스페인이 이슬람으로부터 800년간 지배를 받고 영향을 받은 흔적 때문입니다.

대성당 한가운데 자리한 고딕 양식의 성가대석에서 주목해서 또 보아야 할 곳은 의자 등받이입니다. 호두나무로 만든 의자 등받이에는, 가톨릭 세력이 그라나다를 정복하는 모습을 부조로 새겨두었습니다.

가톨릭 왕국이 1492년 1월 2일 알함브라 궁전이 있는 그라나다를 정복하였음을 보여줍니다. 이를 통해 800년간이나 스페인에 영향을 끼쳤던 이슬람 세력이 스페인을 떠나게 됩니다. 이러한 사실을 기념하기 위해 장식을 남겨두었습니다. 그래서 성가대석은 단순히 성가곡만을 노래하는 곳이 아니라, 스페인의 역사를 보여주는 장소입니다. 특별히 이슬람과의 전쟁을 통해 국토를 회복했던 선조들의 역사를 중요하게 여긴다는 것을 알 수 있습니다.

성가대석 앞쪽에는 다른 곳에서 보기 드문 미소를 띤 하얀 옷의 성모를 볼 수 있습니다. 그래서 톨레도의 성모를 '모나리자 성모, 하얀 성모'라고 부릅니다.

성가대석(톨레도 대성당)

미소를 짓고 있는 모습을 좋아하는 분들은 모나리자 성모로 부르고, 하얀색이 더 눈에 들어오는 분들은 하얀 성모라고 부르는 것이지요. 몬세라트에는 검은색의 성모가 9세기경 발견이 되어 '검은 성모'라고 불리고 있습니다. 이처럼 다양한 성모상의 모습이 스페인에서 나타나는 이유는, 전쟁 중에 가톨릭 세력의 정신적 구심점이 되었기 때문입니다. 그래서, 다양한 성모의 조각을 만들게 되었죠.

성가대석 반대편에 있는 주 예배당도 놓치기에는 아까운 명소입니다. 나뭇조각을 황금색으로 채색한 제단화를 볼 수 있기 때문입니다. 얼마나 꼼꼼하게 플랑드르(네덜란드) 고딕 양식의 스타일로 만들었는지 6년간이나 시간이 소요되었습니다. 그것도 한 사람이 아니라 5명이 함께 했는데도 말이죠. 조각의 내용은 예수와 성모의 일생을 나타내고 있습니다.

두 번째는, 엘 트란스파렌테(El Transparente)입니다.

톨레도 대성당에서 가장 아름다운 바로크 양식의 제단화입니다. 제단화의 모습은 성모와 아기 예수의 조각을 화려한 장식으로 꾸며 두고 있습니다.

제작 당시부터 많은 재정 소모와 화려함으로 인해 논란이 된 부분도 있습니다. 제노바에서 가져온 대리석, 벽옥, 청동 등 고가의 재료들을 사용하여 기초작업을 진행하던 중 한 가지 아이디어가 떠올랐습니다. 그것은 바티칸에 있는 성 베드로 성당 의자 제단에 조각된 베르니니의 작품과 같은 제단화의 모습이었습니다.

나르시스 토메와 그의 아들은 제단화를 꾸미는데 2년의 세월이 걸렸지만, 천장을 뚫고 채광창을 만드는 데는 10년에 가까운 시간이 걸렸습니다. 제단화도 중요하지만 자연채광을 통해 들어오는 빛이 성모상과 성찬기에 비추는 것이 더 중요했기 때문입니다.

엘 트란스파란테(톨레도 대성당)

왜 그렇게 예술가들은 자연채광을 중요시했을까요? 그 이유는 아침에 미사를 드릴 때의 빛과 오후에 빛이 다르기 때문입니다. 시간에 따라 변화하는 태양의 위치는 자연채광의 조명의 변화를 가져오게 되고, 그 빛을 통해 제대 전체가 하늘로 올라가는 듯한 착각을 불러일으킵니다. 그래서 제단화 전체를 시간에 따라 변화하는 유기체와 같은 모습을 갖게 합니다. 그래서, 나르시스 토메에게는 천장을 뚫어 채광창을 만드는 작업이 가장 중요한 부분이었습니다.

세 번째는, 엘 그레코의 〈El expolio(엘 엑스폴리오, 그리스도의 옷을 벗기다)〉입니다. 엘 그레코는 스페인에서 활동한 그리스 화가입니다. 그의 이름 엘 그레코의 의미가 그리스 사람이라는 뜻을 가지고 있죠. 그의 실제 이름은 '도메니코스 테오토코풀로스'였습니다. 이름이 너무 길었기 때문에 스페인 사람들에게 그리스 사람으로 불렸습니다. 스페인에서 그는 외국인이었던 셈이죠.

왜 엘 그레코는 고향인 그리스를 두고 멀고 먼 스페인까지 와서 그림을 그렸을까요? 그림을 설명하기 전 엘 그레코가 어떤 인물인지 소개하겠습니다.

엘 그레코는 1541년 그리스 크레타섬에서 태어났습니다. 그의 고향은 소의 머리에 사람 몸을 한 그리스 신화 속 괴물이 나오는 곳입니다. 바로 미노타우로스 전설로 유명한 섬이었죠. 엘 그레코가 살던 당시 크레타섬은 베네치아 공화국에 지배받고 있었습니다.

그는 어린 시절부터 이콘(동방 교회의 종교화)에 관심을 가지고 그림을 그렸습니다. 종교화에 소질이 있었던 엘 그레코는 20대에 이미 대가로 인정을 받았고, 부와 성공을 누리는 인생이었습니다. 하지만, 엘 그레코는 바다 너머를 바라보며 꿈을 키우고 있었습니다. 이콘은 이미 형식이 정해진 그림이었고, 화가 본인의 개성이나 열정을 담기에는 한계가 있기 때문이었죠.

자연채광(톨레도 대성당)

야, 나도 가자! 스페인!

르네상스 시대의 거장들이 있는 이탈리아와 베네치아에 가서 새로운 것들을 배우고 싶어 했습니다. 그러한 동경이 그의 안정적인 삶에 파문을 일으킵니다. 그는 화가로서 라파엘로와 미켈란젤로 같은 인물이 되고 싶어 했습니다.

"뭐 이탈리아에 간다고! 지금 제정신이야?"

"나는 이미 마음을 정했어."

고향 땅에서 이미 성공한 엘 그레코가 화가들이 넘쳐나는 이탈리아에 간다고 이야기하였을 때, 가족은 반대하였습니다. 무모한 도전으로 시간과 돈을 낭비하지 말라고 조언했던 거죠. 하지만 그는 가족을 뿌리치고 꿈을 이루기 위해 베네치아로 갑니다.

베네치아에 가서 티치아노에게 색의 마술을 배웠고, 이탈리아 가서 인체 비례와 매너리즘 기법을 깨닫게 됩니다. 그리고 자신만만하게 로마 교황청에 찾아가 이렇게 말하였죠.

"미켈란젤로의 〈최후의 심판〉을 다시 그릴 수 있게 해주세요. 제가 그 위에 훨씬 더 멋지고 교황청의 품격에도 맞는 새로운 그림을 그리겠습니다."

그는 실력은 있었지만, 겸손하지 못했던 인물이었습니다. 그로 인해 로마 교황청에 미움을 받았습니다. 게다가 로마에서 미켈란젤로를 무시한 그리스 사람에 대한 소문이 돌면서, 죽음의 위협마저 당하게 되었죠. 그는 로마에서의 삶을 정리하고 급하게 스페인으로 떠났습니다. 왜냐하면, 당시 무적함대를 이끌던 스페인이 유럽의 최강국가였기 때문입니다.

엘 그레코는 스페인의 궁정 화가가 되어 이탈리아에서 무시당했던 것을 한 번에 역전하고자 합니다. 그는 로마에서 사귄 친구와의 인연을 통해 톨레도 대성당에 그림을 그릴 기회를 얻게 됩니다. 그 그림이 지금 소개하는 El Expolio(엘 엑스폴리오)입니다.

그리스도의 옷을 벗김(톨레도 대성당)

야, 나도 가자! 스페인!

본격적으로 'El expolio(그리스도의 옷을 벗김)' 작품에 대해 설명을 하겠습니다. 먼저 그림의 전체 모습을 살펴보면 배경에 수많은 군중이 덮여 있습니다. 그 군중 속에서 빨간색 옷을 입은 한 남자는 정중앙에서 가슴에 손을 얹고 하늘을 보고 있죠. 이 남자의 정체를 알 수 있게 우리를 도와주는 사람이 노란색 옷을 입고 십자가에 구멍을 뚫고 있는 사람입니다. 십자가를 통해 빨간색 옷을 입고 입는 남자가 예수라는 사실을 알 수 있습니다.

십자가에 못 박히기 전 군중들에게 온갖 조롱과 멸시를 받는 골고다 언덕의 그리스도를 말이죠. 그림 정중앙에는 평온한 표정으로 하늘을 올려다보는 예수가 보입니다. 그의 뒤쪽에는 폭력과 조롱으로 가득 찬 민중들의 모습이 보이죠. 그리스도의 평온한 표정과 크게 대비됩니다.

배경에 있는 사람 중 검은색 옷을 입은 인물이 그리스도를 비난하듯 손가락을 가리킵니다. 그와 동시에 그리스도 바로 뒤쪽의 두 사람은 누가 그의 옷을 가질 것인지를 두고 논쟁 중입니다. 초록색 옷을 입고 있는 남자는 예수의 손을 결박하고 십자가에 매달기 위해 예수의 옷을 벗기려고 합니다. 이 그림에서 주목해 보아야 할 것은 사형집행자들의 얼굴과 예수의 얼굴입니다.

엄청난 형벌을 받아야 할 사람은 그리스도인데 사형집행자들보다도 평온하고 담담한 얼굴로 표현되어 있습니다. 마치 이 모든 일이 다 일어날 것임을 예상한 것 같은 표정을 짓고 있습니다. 폭력적인 민중의 얼굴과 몸짓들과 극명한 대비는, 긴장을 고조시킵니다.

그림의 왼쪽 전경에는 세 명의 여성이 등장하는데, 3명의 마리아(어머니 마리아, 살로메 마리아, 막달라 마리아)로 보는 견해가 있습니다. 지금 우리가 보았을 때 그림은 크게 문제가 없어 보입니다. 하지만, 1579년 그림이 완성된 것을 본 톨레도 대성당의 주교는 경악을 금치 못했습니다.

　예수님의 수난의 모습을 성스럽게 그리기는커녕 마치 조롱 당하는 것처럼 표현한 것에 분노한 것이죠. 동시에 그림의 구도에서 위쪽에 배치된 수많은 민중의 모습을 그는 불쾌하게 생각했습니다. 그림의 주제를 흐트러뜨리는 요소라고 말하며 불만을 표출하였죠.

　또한, 르네상스 화풍의 균형미는커녕, 엉성한 구도와 과도한 신체 비율의 변형은 당대에 유행하던 그림과 거리가 멀었습니다. 결국, 성당 측은 엘 그레코가 그린 그림에 불만을 표출합니다. 그리고, 엘 그레코가 제안한 그림 값을 거절하죠.

　양자 간에 갈등은 폭발하여 4년간의 법정 공방으로 이어지게 되었습니다. 긴 법정 공방 끝에 엘 그레코는 사실상 패소를 하게 됩니다. 본인이 제안한 그림 값에 3분의 1밖에 받지 못했기 때문이죠.

　엘 그레코는, 소송을 하지 않은 것이 더 유리했지만, 그는 확고한 신념이 있었습니다.

　"나는 예술가다. 스스로 내 작품의 가치를 낮출 수 없어."

　그리스도의 옷을 벗김 작품은 엘 그레코가 처음 그림을 완성하던 시기에는 관심을 받지 못하다가 그의 명성이 톨레도에서 조금씩 커지게 되면서 그 가치를 재조명 받은 작품입니다. 그런 이 작품의 진짜 의미를 살펴보도록 하겠습니다.

　그리스도의 옷을 벗김에서 주제를 보여주는 인물이 존재합니다. 바로 우리를 바라보고 있는 한 사람이죠. 은빛 갑옷을 입고 스포츠머리에 검은색 수염을 한 군인입니다.

　그를 주목해서 보면 은빛 갑옷에 그리스도의 빨간색 옷이 비치는 걸 볼 수 있습니다. 이 빨간색의 의미는 성스러운 피를 상징합니다. 그리스도의 피가 죄인들의 죄를 씻게 될 것임을 상징하는 것이지요.

결국 이 그림은 골고다 언덕에서 그리스도께서 우릴 위해 십자가를 지셨다는 것을 말하고 있습니다. 폭력과 욕설로 가득한 사람들과 달리 하늘을 바라보며 기도하는 그리스도의 모습을 통해 다시 한번 살펴보세요. 인류의 죄를 씻기 위해 십자가를 져야만 했던 그리스도의 수난이 성스럽게 느껴집니다.

엘 그레코가 그린 그리스도의 빨간색 옷은 티치아노를 연상케 합니다. 베네치아의 색의 마술사 티치아노 역시 빨간색을 자주 사용했습니다. 그의 영향을 받은 엘 그레코 역시 빨간색을 통해, 누가 우리가 주목해야 할 인물인지를 강렬하게 표현하고 있습니다. 엘 그레코는 이탈리아에서 공부하며 배운 매너리즘을 그리스도를 통해 표현하고 있습니다. 원근감을 파괴하고 다른 사람보다 훨씬 인체를 늘린 것을 통해 말이지요. 기본적인 구도에서는 앞에 있는 대상이 뒤에 있는 대상보다 더 커야 하지만, 엘 그레코는 가볍게 원근감을 파괴하여 그리스도를 앞에 있는 대상보다 훨씬 더 크고 분명하게 표현했습니다.

이러한 엘 그레코의 색의 대비와 매너리즘 기법은 이후의 화가들에게 크게 영향을 주었습니다. 특히 피카소가 아비뇽의 처녀들을 그릴 때, 엘 그레코 그림을 수없이 모방하기도 하였습니다.

그런 그에게 생애 다시 오지 않을 기회가 찾아오게 되었는데요. 펠리페 2세가 그를 왕궁으로 부른 거지요. 과연 그는 왕이 만족할 만한 멋진 그림을 그렸을까요?

3

르네상스 시대에 현대 미술을 그리다

: 엘 그레코

스페인을 대표하는 화가들이 있습니다. 엘 그레코, 벨라스케스, 고야입니다. 이들을 사람들은 스페인 3대 화가라고 부르고 있습니다. 벨라스케스와 고야는 스페인 마드리드의 궁정 화가로 활약했던 대표적인 인물들입니다. 그래서, 프라도 미술관에서 그들의 다양한 그림을 볼 수 있습니다.

그와는 달리 엘 그레코는 톨레도를 중심으로 그림을 그린 화가입니다. 그런 그가 일생일대의 기회를 잡았던 적이 있습니다. 무적함대를 이끌었던 펠리페 2세가 명령한 그림을 그리기 위해 궁전을 방문했던 날이지요.

그림의 주제는 성마우리시오의 순교입니다. 3세기경 활동했던 마우리시오는 이집트 테베 출신의 군사령관이었습니다. 신실한 기독교 신자였던 그는 이교 의식에 참여하는 것을 거부하였습니다. 또한 그와 함께했던 장교들 역시도 함께 참여를 거부하게 되면서, 순교하게 된다는 내용입니다.

펠리페 2세는 이와 같은 내용의 그림을 통해서 원하는 목적이 분명했습니다. 신앙을 가진 충성된 군인들이 많아지기를 바랐던 것입니다. 그래서, 엘 그레코의 그림을 통해 스페인의 군대가 신앙심과 충성심을 더 깊이 가지기를 원했습니다.

하지만 펠리페 2세의 마음을 엘 그레코는 읽지 못했습니다. 왕의 마음을

144 야, 나도 가자! 스페인!

모르고 자신이 그리고 싶은 형태로 그림을 그렸던 것이죠. 성마우리시오의 순교하는 장면만 그렸으면 참 좋았을 텐데, 엘 그레코는 그림을 통해 현대소설을 써버렸던 것입니다. 그가 상상하고 생각했던 모든 것을 캔버스에 그렸던 것이지요. 왕이 보기에는 너무나 지엽적인 이야기가 많아 보이는 그림이었습니다.

성마우리시오 순교(출처: wikipedia, 엘 그레코)

펠리페 2세는 종교심이 강하고 원칙주의를 강조하는 사람이었습니다. 그런 그가 보기에 엘 그레코의 자유분방한 그림은 종교성을 훼손하는 것처럼 느껴졌습니다. 군대가 신앙심과 충성심을 가지기에는 그림이 산만했습니다. 그는 엘 그레코의 그림을 보고 이렇게 말했죠.

"그림값은 주되 궁전에 두지 말고 창고에 처박아 두어라."

펠리페 2세가 원했던 그림은 티치아노 스타일의 그림이었습니다. 정돈되고 엄숙한 종교적 분위기를 느낄 수 있는 그림을 말이지요.

한마디로, 순교의 냉혹한 현장에서 기도하는 성인의 모습만을 부각한 그림이 그려지기를 원했던 겁니다. 그러나 티치아노의 제자였던 엘 그레코는 스승과 딴판이었죠. 엘 그레코는 의뢰자에 맞추어 그림을 그리기보다, 자기 생각을 그림에 표현하기 좋아했습니다.

엘 그레코는 한마디로 16세기에 현대미술을 그린 화가였습니다. 시대를 앞서간 화가인 셈이죠. 그렇기 때문에 그가 살았던 당시에는 왕에게 인정받지 못하였고, 궁정 화가도 될 수 없었습니다. 하지만 지금은 전 세계인들이 엘 그레코가 그린 그림을 보기 위해 톨레도를 찾고 있습니다. 그 그림이 바로 〈오르가스 백작의 매장〉입니다. 그림을 보며 설명하겠습니다.

현재 우리가 보고 있는 그림은 톨레도에 있는 산토 토메 성당에 있습니다. 16세기 성당의 사제였던 누녜즈는 엘 그레코에게 오르가스 백작에 관련된 그림을 그려 달라고 부탁합니다.

여기서 말하는 백작은 14세기 톨레도에 살았던 인물로, 선행을 많이 베푼 인물입니다. 실제 그의 이름은 '곤살로 루이스 데 톨레도'입니다. 사람들은 그가 오르가스 지역에 살던 백작이기에, 오르가스 백작이라고 부르고 있습니다.

오르가스 백작의 매장(엘 그레코)

그는 가난한 사람들과 성당을 위해 아낌없이 기부했습니다. 그의 따뜻한 선행을 기념하기 위해 그의 사후 200년 뒤인 1586년에 백작의 그림이 그려집니다.

먼저 그림을 전체적으로 살펴봐 주세요. 분할된 구조가 보이시나요? 그림 아래는 지상에 이야기를 다루고 있고, 위는 천상에 이야기를 다루고 있습니다. 이중 분할 구조를 통해 백작이 사망했을 때, 어떠한 사건이 동시적으로 이루어졌는지 그림을 통해 느낄 수 있습니다.

그림 아래쪽부터 살펴보겠습니다. 갑옷을 입고 있는 남성이 보이시나요? 그 남성이 이 그림의 주인공 오르가스 백작입니다. 그의 양편에 그를 부축하고 있는 두 사람은 성인들입니다. 성 스테파노와 성 아우구스티누스입니다.

어떻게 이 사람들이 성인들인 줄 알 수 있을까요? 그들의 옷에 그려진 그림을 통해 알 수 있습니다. 돌에 맞아 순교하는 모습에 그림이 그려진 인물이 성 스테파노이고 붓을 들고 있는 학자의 모습으로 그려진 사람이 성 아구스티누스입니다.

엘 그레코는 성인들의 도상을 통해 그들이 누구인지 우리에게 밝히고 있습니다. 여기서 도상은 다른 말로 이콘(icon)이라고도 불리는데, 쉽게 말해 성인을 상징하는 형상이라고 보시면 됩니다. 이 그림 속에서 다른 도상이 나오면 추가로 설명해 드리도록 하겠습니다.

백작은 숨을 거두고 천사에게 이끌려, 천상을 향해 이동합니다. 그 모습이 보이시나요? 제가 말씀드린 부분이 지상과 천상의 가운데에 있습니다. 천사의 인도함을 받은 백작의 어린 영혼이 좁은 문을 통과하려 하는 모습으로 표현되어 있습니다.

그리고 천상(위쪽)에는 예수 그리스도가 백작을 기다리고 있는 모습으로 표현되어 있습니다. 그런데 천상에 있는 예수의 모습 중 팔의 길이가 이상합니다. 예수의 팔이 말도 안 되게 길게 그려져 있죠. 자세히 살펴보면, 천상에 있는 사람들이 전체적으로 더 길게 표현된 것을 느낄 수 있습니다.

지상에 있는 사람들과 비교해 보면 큰 차이를 느끼실 수 있습니다. 이것은 매너리즘 기법으로 르네상스 시대를 넘고 싶었던 엘 그레코가 의도적으로 인체의 비율을 늘리거나 줄인것입니다. 극적인 효과를 그림 속에서 만들어내려 하였던 거죠. 매너리즘 기법을 통해 천상이라는 공간을 지상보다 더 몽환적이고 예측이 불가한 신비한 곳으로 표현하였습니다.

우리가 그림을 보고 있는 위치에서 왼편에 있는 두 남자를 살펴보겠습니다. 한 사람의 손에서는 독수리가 나오고 있고, 다른 사람은 열쇠를 들고 있습니다. 제가 아까 이야기한 도상을 통해 두 사람을 정확하게 알 수 있습니다.

독수리는 예수님의 제자 요한을 상징하고, 열쇠는 예수님의 수제자 베드로를 상징합니다. 특별히 베드로는 천국의 열쇠를 예수님께 받은 제자입니다. 그래서, 유럽 성당에 곳곳마다 열쇠 도상을 보실 수 있습니다. 예를 들어, 바티칸에 있는 성 베드로 성당을 하늘에서 찍으면 열쇠 모양이 나옵니다. 이것은 베드로를 상징하는 의미를 보여주기 위한 도상이라고 말할 수 있습니다.

지상의 그림(아래쪽)에서 백작을 살펴보겠습니다. 그가 입고 입는 갑옷은 16세기의 갑옷입니다. 합스부르크 가문의 왕들이 입었던 갑옷의 모습과 유사한 모습을 보여주죠. 이 부분은 실제 사실이 아니라, 엘 그레코 시대를 반영한 부분입니다. 왜냐하면, 백작이 살았던 14세기에는 철갑옷을 입고 전투에 나갔기 때문입니다. 그런데 여기서 진짜 주목해 봐야 하는 것은 스테파노 성인의 옆모습이 백작의 갑옷에 비친다는 사실입니다. 사실 이 부분은 그리지 않고 넘어가도 되는 부분입니다. 하지만 엘 그레코는 의도적으로 성인의 옆모습을 그려 넣었죠. 그 이유는 한 시점에서 그림을 그린 것이 아니라 다른 시점에서도 그렸다는 것을 보여주기 위해서입니다.

르네상스 시대의 소실점을 중심으로 한 투시 원근법의 고정관념을 파괴한 그림입니다. 〈오르가스 백작의 매장〉은 원근감 파괴를 16세기에 보여

준, 시대를 앞서간 그림이라 말할 수 있습니다. 현대 미술의 태동은 세잔이나 피카소가 아니라, 엘 그레코라고 생각해 볼 수 있는 부분입니다.

그리고 주목해서 봐야 할 것은 '오르가스 백작의 매장'에 찾아온 수많은 인물입니다. 이들은 백작과 함께 살았던 14세기에 인물들이 아니라 16세기 톨레도에서 살았던 영향력 있는 인사들입니다. 다시 말해, 엘 그레코와 톨레도에서 동시대에 살았던, 유명한 귀족과 유력인사들이 그림 속에 함께한다는 사실이죠. 그래서 이 그림은 단순히 14세기의 훌륭한 인물을 기리는 것으로 끝나는 것이 아니라 오늘을 살고 있는 사람들이 함께 공존하게끔 그려진 것입니다.

엘 그레코는 왜 이렇게 그림을 그렸을까요? 그 이유는, 화제성 때문입니다. 과거 시대나 현대 시대나 홍보가 잘되어야 합니다. 단순히 잘 그린 것만으로는 화제성을 갖기는 어려웠습니다. 그래서 14세기 인물을 중심으로 16세기 인물들을 배치하여 더 많은 사람의 관심을 불러일으켰습니다. 그러한 화제성 덕분에 그의 작품이 더 많은 사람들에게 알려질 수 있었죠.

이제 이 그림의 주제를 우리에게 알려주는 인물을 찾아보겠습니다. 현재 보고 있는 〈오르가스 백작의 매장〉 그림에서 우리를 쳐다보는 두 사람을 찾아주세요. 성인남성과 어린아이를 찾으셨나요?

남성은 엘 그레코. 어린아이는 엘 그레코의 아들 마누엘입니다. 이 중에서 가장 중요한 인물은 어린아이입니다. 그 아이가 가리키는 손 모양이 보이시나요. 그 손 모양이 정확하게 가리키는 방향은 백작의 심장입니다.

다시 말해, 우리가 오늘날 배워야 하는 마음은 백작과 같은 마음이라는 것을 말하는 것이지요. 이 그림은 정확하게 말하면 종교적이면서 정치적인 그림입니다.

유럽은 1516년 마르틴 루터에 의해 종교개혁이 일어나면서 구교와 신교로 나뉘게 됩니다. 스페인의 국교인 가톨릭은 반종교개혁 운동의 하나로 성인들에 관련된 그림들을 그렸고, 그중에 하나가 〈오르가스 백작의 매장〉 입니다.

영혼의 구원을 위한 성인 숭배와 선행의 중요성을 강조하는 교훈을 그림 속에서 찾을 수 있습니다. 오르가스 백작은 그와 같은 목적을 가지고 그려진 그림이었죠. 비록 펠레페 2세의 궁정 화가는 될 수 없었지만, 엘 그레코는 이 그림을 통해서 전 세계에서 가장 사랑받는 화가 중 한 명이 될 수 있었습니다. 톨레도에 방문하시면, 〈오르가스 백작의 매장〉 작품이 있는 산토토메 성당을 방문해 보시기 바랍니다. 왜 그가 스페인 3대 화가로 불리는지 느끼시게 될 것입니다.

II

스페인 왕가의 추악한 진실을 고발한 화가

: 고야

스페인이 낳은 최고의 화가 중 한 명인 고야는 1746년 사라고사 지역에 중산층 가정에서 태어났습니다. 도금업자였던 아버지와는 달리, 그는 어린 시절부터 그림에 재능이 있었고, 재능을 알아본 아버지에 의해 14살부터 그림을 배우기 시작합니다.

그림에 재능이 있었기에, 자신감이 넘쳤던 고야는 스승의 칭찬까지 받으며 자신의 그림에 취하게 됩니다. 자신감을 가지고 마드리드 그림대회에 출전하였지만, 낙선을 합니다. 3년 뒤 다시 응시했지만 마찬가지였죠.

그는 자신이 최고라고 생각했지만, 자신만큼 그리는 화가들은 마드리드에도 있었습니다. 그리고 그는 이 경험을 통해 더 중요한 걸 깨닫고 이렇게 말하죠.

"내가 배경이 없어서 떨어지는구나."

그가 그렇게 말한 이유는, 두 번째 응시 때 합격했던 친구가 심사위원 중 한 사람의 동생이었기 때문입니다. 이 경험을 통해, 자신의 실력에 문제보다 인맥의 중요성에 대해서 그는 생각하게 됩니다. 그리고 심사위원들의 취향을 알 수 있다면 손쉽게 합격할 수 있다고 느끼게 되죠.

그 시간을 통해 고야는 자신의 그림을 잘 그리는 것도 중요하지만, 구매자의 취향을 반영하는 것이 더 중요하다는 것을 알게 됩니다. 그래서 그 이

후부터는 그림을 그리기 전 심사위원들의 취향이 무엇인지, 구매자가 무엇을 선호하는지 정보를 수집하는 데 많은 시간에 공을 들이게 됩니다.

한번은, 사라고사 대성당을 장식할 화가를 모집할 때였습니다. 경쟁자가 제시한 급료의 정보를 알아낸 후, 그 값의 절반으로 협상하여 뽑히게 된 사례가 있습니다.

이 일을 통해 스페인 궁정 화가 바예우를 알게 된 그는 그와 친밀하게 지냈습니다. 왜냐하면, 출세를 하고 싶었기 때문이죠. 그래서 그는 바예우의 여동생과 결혼까지 하게 됩니다. 바예우와의 인맥을 통해, 그는 왕실 벽을 장식할 태피스트리 밑그림 작업을 맡게 됩니다.

이 기회를 통해 왕궁과의 인연을 쌓고 싶었던 고야는 화려하면서 섬세하게 밑그림을 그려냈죠. 결국, 그림을 통해 고야는 왕실의 주목을 받게 됩니다. 그리고 그는 당시 국왕이었던 카를로스 3세의 초상화를 그리게 되며 스페인의 유명한 화가가 되었습니다.

카를로스 4세가 왕위에 오른 직후 고야는 자신의 꿈이었던 궁정 화가가 됩니다. 그리고, 그 시기 왕실과 귀족들의 끊임없는 그림 요청으로 부와 명예를 얻게 되죠. 그 당시 고야는 마드리드에서 가장 멋진 마차를 타고 다니며 사람들의 주목을 받는 유명인사의 삶을 살아갑니다. 하지만, 그렇게 잘나가던 고야는 1792년 알 수 없는 중병으로 사경을 헤매게 됩니다. 가까스로 살아났지만 질병의 후유증으로 귀머거리가 되었습니다.

귀머거리가 된 것이 그의 육체적인 부분에서는 손실이었지만, 그의 작품의 세계에서는 큰 발전을 이루게 합니다. 그때부터, 평생 귀족에게 아첨하며 기회주의자처럼 살던 그는 부조리한 세태를 고발하는 풍자화가의 면모들을 보여주게 됩니다. 그 그림이 지금 마주하고 있는 카를로스 4세 가족의 초상화입니다.

카를로스 4세 가족의 초상(출처: wikimedia commons, 프라도 미술관)

그림 속에 등장하는 인물들은 총 14명입니다. 카를로스 4세 국왕의 형제, 아내, 자녀와 손자까지 초상화에 그려진 독특한 그림입니다. 스페인 왕가에서는 초상화의 경우 단독으로 그려지는 경우가 대부분이었습니다. 그런데, 이 그림은 관례의 틀을 깨고 개인적으로 소장하기 위해 그려진 그림입니다.

그렇다면 이렇게 특이한 그림을 의뢰한 사람은 누구였을까요? 그림의 의뢰자는 카를로스 4세 국왕이었습니다. 하지만, 실질적으로 이 그림이 그려지는데 가장 많은 영향을 끼친 것은 왕비인 마리아 루이사였습니다.

그녀는 오랜만에 별궁에서 만난 왕궁의 식구들을 다 같이 그리기를 원했습니다. 그리고, 초상화는 한 사람씩 그려 주기를 고야에게 요청하였습니다. 그래서 지금 우리가 보고 있는 초상화를 고야가 인물 전체를 보고 그린 것이 아닙니다.

13명의 인물을 한 명씩 초상화로 먼저 그린 거죠. 그리고 13개의 초상화의 그림을 하나의 캔버스에 옮겨 그린 그림입니다. 왕실의 입장에서는 카를로스 4세 국왕과 가족들의 행복했던 한때를 추억할 수 있는 그림을 요청한 셈이죠. 그렇게 중요한 그림이었기에 고야는 1년이 넘는 시간 동안 초상화를 그리고 연구하였습니다. 그리고 〈시녀들〉 못지않은 최고의 역작을 만들어 내었습니다. 이제 이 그림의 주요 인물들을 살펴보면서, 그림 속 숨겨진 이야기를 설명하겠습니다.

가장 가운데 있는 왕비부터 보겠습니다. 지금 보고 있는 왕비의 모습을 유심히 살펴보시면 다른 왕비들 그림과 큰 차이를 발견할 수 있습니다. 그것은 미화된 부분이 단 하나도 존재하지 않는다는 것이죠.

일반적으로 왕족들은 기품 있고 우아한 모습으로 그려집니다. 그들의 권위와 명성을 위해서 말이죠. 하지만 지금 우리가 보고 있는 초상화에서 왕비는 너무나 평범해 보입니다. 사실, 그림을 유심히 살펴보면 평범함을 넘어 세속적이고 욕심 많은 여인의 모습을 느낄 수 있습니다.

이것은 화가인 고야가 의도적으로 표현한 것이죠. 실제로, 왕비는 무능한 왕을 대신하여 정치를 했던 욕심 많은 인물이었습니다. 그녀는 왕의 총애를 받던 고도이라는 인물과 불륜 관계이기도 하였죠. 그리고, 고도이와 불륜을 저질렀던 그녀의 삶을 통해 2명의 자녀가 태어났습니다. 그들은 어디에 있을까요? 고도이의 자녀들은 그림 속에 왕비가 손을 잡고 있는 두 명의 아이입니다.

두 자녀의 얼굴을 자세히 살펴보면, 국왕과 닮은 점이 하나도 없다는 것을 알 수 있습니다. 반면에 고도이의 얼굴과 비교해 보면 두 자녀가 그와 닮았다는 것을 찾을 수 있습니다. 이와 같은 사실을 통해 막장 드라마보다 더 막장인 카를로스 4세 가족들의 모습을 보게 됩니다.

이렇게 집안이 엉망인데, 가장인 카를로스 4세만 이 사실을 모르는 것 같습니다. 아니 모르고 싶은 것 같습니다. 왕비 옆에서 얼굴이 홍당무가 되어 흐리멍텅한 표정을 짓고 있는 남자가 국왕입니다.

대낮인데도 시뻘건 얼굴을 통해 그가 얼마나 술을 사랑했는지 느끼게 합니다. 술만 좋아한 것이 아니라 사냥도 좋아했던 그는 몇 달씩이나 정치는 하지 않고 사냥하고 다녔던 인물입니다. 그렇게 왕은 나라에도 관심이 없고, 가정에도 관심이 없었습니다. 참으로 무능력하고 게으른 인생을 살다 간 인물입니다. 그리고 국왕의 무능력함을 무척이나 싫어했던 한 남자가 있었습니다.

카를로스 4세 국왕 뒤편에서 국왕을 매섭게 째려보고 있는 남성이 보이시나요? 그는 국왕의 동생 파스쿠알입니다. 왜 고야는 왕족인 파스쿠알을 이토록 매섭게 그림으로 그렸을까요? 그 이유는 그가 무능한 형보다 자신이 국왕이 되는 것이 더 적합하다고 생각하였기 때문입니다.

고야는 호시탐탐 그 기회를 노렸던 파스쿠알의 모습을 매우 생동감 있게 표현하였습니다. 형의 왕권을 매일같이 노렸던 동생의 야망이 눈빛 속에서 고스란히 느껴집니다. 어떠신가요? 제가 지금 이야기하는 인물들의 이야기만 들어봐도 그 당시 스페인 왕족이 얼마나 부패했는지 느껴지시나요? 하지만 진짜 막장을 저지르는 또 한 명의 인물이 남아 있습니다. 그는 파란

색의 옷을 입고 있는 페르난도 왕자입니다.

그는 무능력한 아버지와 불륜을 저지르는 어머니 사이에서 타오르는 욕망을 숨기고 살았던 인물입니다. 이 그림이 그려지고 8년 뒤, 24세의 나이에 아버지와 어머니에게 반기를 들었습니다. 그리고 부모님을 쫓아내고 왕이 되는 무서운 인물이죠. 그러나, 패륜을 저지르고 올라간 그의 왕권은 나폴레옹의 군대 앞에 무기력하게 무너지게 됩니다. 그는 프랑스로 끌려가 6년동안 포로 생활을 하게 되죠. 자업자득이라는 말이 어울리는 전형적인 인물입니다.

지금까지 〈카를로스 4세 가족의 초상〉에 대해서 설명을 드렸습니다. 중요 인물들의 이야기를 들으시면서 무슨 생각이 드셨나요? 저는 고야의 그림을 통해 부조리한 세상을 고발하는 고야의 마음을 느끼게 됩니다. 국민들은 가난에 허덕이고 배고픔으로 죽어가도, 온갖 사치를 누리는 왕족들의 모습이 19세기 스페인이었습니다.

궁정 화가로 살면서 왕가의 부패함을 적나라하게 그림으로 표현한 그의 시도가 멋지다는 생각이 들죠. 가난해도 서로를 사랑하는 국민들과 달리 서로를 미워하고 경쟁하는 왕족들의 헛된 욕망. 가난한 국민들은 먹기도 힘든 고기를 매일 먹으면서 행복하지 않은 왕족의 불만. 이 모든 것을 궁정 화가가 되어 지켜보았던 고야. 그가 느꼈던 허울뿐인 왕족의 껍데기를 초상화를 통해 표현하려 했던 것은 아닐까요?

이 그림에는 또 하나의 특징이 있는데요, 바로 인물의 숫자입니다.
고야를 제외하고 몇 명의 인물이 그려졌을까요?

정확하게 13명으로 배치되었습니다. 서양에서 불길함을 상징하는 13을 배치하여 이 왕가의 끝이 좋지 못할 것을 예견한 것이죠. 그리고 그 인물들 속에서 쓸쓸한 표정으로 우리를 바라보는 고야의 눈빛에서 그 시대가 아름답기보다는 오히려 추악하고 슬픈 역사였다는 것을 말하는 것만 같아 보입니다.

벨라스케스는 〈시녀들〉을 통해 합스부르크 왕가와 행복했던 한 시절을 그렸습니다. 반면에 고야는 〈카를로스 4세 가족의 초상〉을 통해 부르봉 왕가의 슬픈 역사 속에 살던 자신을 그린 것으로 보입니다.

얼핏 보면 그림은 그 시대의 아름다움을 반영하는 거울과 같아 보입니다. 하지만 그림을 깊이 있게 해체하여 살펴보면, 예술의 허구 속에 담긴 추악한 진실을 발견하게 됩니다.

고야는 단순히 보이는 것을 그린 것이 아니라, 그 대상의 본질을 추구하는 화가였다는 것을 알 수 있습니다. 그는 사실주의 화가들이 추구했던 본질을 그림에 가장 생동감 있게 표현한 화가였습니다. 카를로스 4세의 초상화를 한마디로 정리해 주는 피카소의 말이 떠오릅니다.

"예술은 진실을 드러내는 거짓말이다."

5

그림은 적과 싸우며 공격을 하는 무기

: 피카소 최고의 역작, 게르니카

마드리드는 미술을 좋아하는 분들에게 보물 같은 도시입니다. 왜냐하면, 세계 3대 미술관 중 하나인 프라도 미술관에서 거장들의 예술작품을 볼 수 있기 때문입니다. 또한, 현대미술을 볼 수 있는 레이나 소피아 미술관이 있기 때문이죠.

특히, 레이나 소피아 미술관에는 피카소 최고의 역작으로 불리는 〈게르니카〉가 있습니다. 〈게르니카〉 그림을 보면, 왜 피카소를 최고의 화가라고 하는지 느낄 수 있었습니다. 〈게르니카〉 작품 하나에 그가 쏟아부은 열정과 에너지가 커서 캔버스 앞에서 숨이 멎을 것 같은 인상을 받았습니다.

그림의 크기 때문이 아니라, 그림 속 다양한 사람들의 표정이 너무나도 선명하였기 때문입니다. 〈게르니카〉 그림은 피카소가 56세 때 그린 그림입니다. 자신의 고국 스페인에서 벌어진 잔혹한 학살 사건에 분노하여 붓을 들게 된 것이죠. 그때 피카소는 이렇게 말하였습니다.

"예술은 공간을 장식하기 위해 만들어진 게 아닙니다. 적들을 막아내는 공격적인 무기입니다."

그렇다면 〈게르니카〉는 무슨 그림이고 어떤 배경을 가지고 있을까요? 〈게르니카〉의 배경을 알기 위해서 스페인 내전을 먼저 이야기 드리겠습니다.

스페인은 1936년부터 내전이 발생하였습니다. 이 전쟁은 두 세력의 전쟁이라고 말할 수 있는데요.

첫째는, 공산주의자, 사회주의자, 무정부주의자로 구성된 공화주의 세력이 있었습니다.

둘째는, 파시스트 독재 정권을 수립하려는 프랑코 장군이 이끄는 국민당이었습니다.

두 개의 세력이 충돌로 인해 벌어진 내전은 수많은 사상자를 발생시켰고, 그중 가장 참혹한 사건이 게르니카였습니다.

국민당은 바스크 지방의 게르니카를 공화주의 북부 핵심 도시로 간주하였습니다. 그래서, 프랑코는 친분이 있었던 히틀러에게 이 지역을 공격해 달라고 요청하였고, 무기 실험이 필요했던 히틀러는 프랑코의 요구에 응하게 됩니다.

1937년 4월 26일 월요일 게르니카의 아침은 여느 때와 같이 활기가 넘쳤습니다. 그날은 장날이었기에 평소보다도 많은 사람들이 시장에서 상인들과 물건을 주고받고 있었습니다. 그때 하늘에서 독일 항공기 3대가 나타났고, 무차별적으로 폭탄을 떨어뜨렸습니다. 사람들은 혼비백산하여 미친 듯이 달렸습니다. 그러나 이미 도시에서 탈출할 수 있는 도로는 모두 파괴되었고, 주변은 봉쇄된 상태였습니다.

그들은 어디에도 숨을 곳이 없었습니다. 그래도 피해야 할 곳을 찾아야 했던 게르니카의 민간인들은 폭탄이 떨어지는 곳에 반대편으로 달려갔습니다. 하지만 안타깝게도 그들을 쫓아서 다가오는 전투기가 있었습니다. 그 전투기에서 기관총이 나와 그들을 사정없이 공격하였고, 그들은 결국 쓰러지게 됩니다.

3시간 15분 동안 450kg 무게의 폭탄이 계속 떨어졌고 1kg 폭탄은 무려

3,000개 이상 투하되었습니다. 무차별적인 폭격은 1600명 이상의 사상자를 발생시켰죠. 정말 안타까운 사실은 그들 중 대부분의 희생자는 여성과 아이들이라는 사실입니다. 남성들은 전쟁하기 위해 자리를 비운 상태였죠. 총도 가지고 있지 않은 민간인들에게 행한 최악의 학살이 게르니카에서 벌어졌습니다.

피카소는 이 사건 소식을 접하고 분노합니다. 그리고 붓을 들고 엄청나게 큰 캔버스에 하나의 그림을 그리기 시작했죠. 가로 7.76m, 세로 3.49m 거대한 캔버스에는 게르니카의 참상을 고발하는 그림들이 35일 만에 그려졌습니다.

그의 5번째 여인이었던 도라 마르는 그 모든 것을 카메라로 촬영하였습니다. 피카소는 카메라에서 영감을 받아서인지, 게르니카의 그림들을 순간을 포착한 사진처럼 표현되었습니다. 이 그림은 1937년 파리 만국 박람회, 스페인 전시장에 전시되어 세계적으로 알려지게 됩니다. 게르니카에서 벌어진 참상을 알게 된 수많은 국가가 스페인 내전에 관심을 갖게 되었습니다. 게르니카와 관련된 전체 배경 설명을 마치고, 그림에 대한 설명으로 넘어가겠습니다.

게르니카(출처: pablo piccaso, 레이나 소피아 미술관)

피카소는 〈게르니카〉 속에서 검은색, 흰색, 회색 페인트만을 사용하였습니다. 평소 밝은색을 좋아하는 그의 취향과는 상반되는 방식인 셈이죠. 그런데 이런 어두운 색깔의 사용이 오히려 전쟁의 참상을 더 깊이 생각하게 만들어주는 장치가 됩니다.

우울하고 슬픈 분위기는 고조되고 그 현장의 고통과 혼돈을 느끼게 합니다. 불타는 건물과 무너지는 벽은 그날 게르니카에서 벌어진 파괴를 느끼게 합니다. 그 파괴는 게르니카의 파괴일 뿐만 아니라 스페인 내전의 파괴의 힘을 보여줍니다.

이 그림에서 주제를 암시하는 3가지를 소개하겠습니다.

첫 번째는 천장에 있는 전구입니다. 어두움만이 가득했던 그날에 태양이 비치고 있었고 하늘은 모두 보고 있었다고 말하는 것 같습니다. 프랑코와 히틀러는 그 사건을 은폐하려고 했지만, 은폐할 수 없었음을 느끼게 합니다. 그와 동시에, 그와 같이 무섭고 악랄한 학살을 대낮에 자행한 그들의 만행을 고발하는 것 같습니다. 어떻게 그렇게 무섭고 잔인한 행동을 해가

뜬 낮에 행하였는지 꾸짖는 것만 같습니다.

두 번째는 황소입니다. 황소의 표정을 자세히 한번 보시겠어요? 다른 그림들과 다른 점을 찾을 수 있으실 겁니다. 다른 인물들은 게르니카 현장 속에서 고통과 슬픔을 표현하고 있는데, 유독 황소만 이 모든 것을 담담하게 바라보는 것 같습니다. 마치 이 모든 것을 계획한 사람처럼 말이지요.

그렇습니다. 이 황소는 프랑코를 상징합니다. 동시에 전쟁을 저지르는 폭력적이고 잔인한 인물들을 상징하는 것이지요. 그들은 사람들을 죽이는 것을 대수롭지 않게 여깁니다. 〈게르니카〉 속에 황소처럼 그저 무덤덤하게 바라볼 뿐이지요. 그래서 참 무섭습니다. 전쟁보다 무서운 것은 사람의 마음이지 않을까 생각이 드는 대목입니다.

셋째는, 죽은 아이를 끌어안고 울부짖은 어머니입니다. 무수히 떨어지는 폭탄 속에서 자식이 숨을 거두는 장면을 목격한 어머니의 마음을 생각하니 가슴이 찢어질 것만 같았습니다. 죽은 자식을 끌어안고 울부짖는 어머니, 그 하나만으로도 전쟁이 무엇인지 설명할 수 있는 그림같이 느껴졌습니다.

동시에 미켈란젤로가 조각한 피에타 조각상이 떠오르기도 하였습니다. 아들 예수의 사망을 슬퍼하는 어머니 마리아의 마음이 아름다운 조각상에서 느껴졌기 때문이죠. 피에타는 인간이 경험할 수 있는 가장 큰 고통입니다.

그것은 자식의 죽음을 바라보는 어머니의 마음이지 않을까요? 그리고 〈게르니카〉 그림의 가장 큰 슬픔이 죽은 자식을 끌어안고 울부짖는 어머니의 모습이지 않을까 생각해 보게 됩니다.

피에타(출처: wikipedia, 성베드로 성당)

그 외 상징적 의미가 있는 그림들 3가지를 살펴보겠습니다.

첫 번째는, 그림의 가장 오른쪽에 배치된 여인을 보겠습니다. 양손을 하늘을 향해서 들고 있는 여인의 오른쪽 손을 주목해서 보세요. 왼쪽 손과 다르다는 것을 느끼셨나요?

그렇습니다. 오른쪽 손은 비행기 모양으로 그려졌습니다. 1937년 4월 26

일 게르니카에 비행기가 날아와서 무차별 폭격했음을 오른손 하나로 표현한 것이지요. 단 하나의 상징적인 그림으로 그날의 참상을 정확히 알 수 있게 그려낸 셈이죠.

이것이 보이는 것을 그리는 것이 아니라 본질을 그리는 피카소이지 않을까 생각해 봅니다. 그는 허구의 그림을 통해 진실을 반영하는 예술가였습니다.

그녀의 오른손을 보고 비행기의 존재를 알고 난 후 그녀를 다시 보면 그림이 더욱 슬퍼집니다. 그녀의 위와 아래의 불길들을 통해 그녀가 불길 가운데서 피할 곳이 없어 울부짖고 있다는 것을 알 수 있기 때문입니다. 저는 이 여인을 보고 가슴이 많이 아팠습니다. 왜냐하면, 도망치고 싶어도 도망칠 수 없을 때 느껴지는 절망과 슬픔이 그림에서 느껴졌기 때문입니다.

두 번째는, 울부짖는 말입니다. 말은 '민중'을 상징하는 의미가 있습니다. 황소와는 대비되는 의미를 가진 존재이죠. 연약하고 소외되고 아픈 사람들이기도 합니다. 특히나, 여자들과 아이들이 게르니카에 가장 큰 피해자들이기 때문에 울부짖는 말의 모습은 피해자 모두를 떠올리게 합니다.

하지만, 제가 말하려고 하는 상징적 의미는 말이 아닙니다. 말의 아랫니와 윗니 사이를 집중적으로 살펴보세요. 인간의 머리뼈를 확인할 수 있습니다. 머리뼈를 통해 피카소는 우리에게 무엇을 말하고 싶었을까요? 바로 민중의 죽음을 말하고자 한 것입니다. 머리뼈, 즉 해골은 인간의 죽음을 상징하는 의미를 가지고 있기 때문입니다.

세 번째는, 비둘기입니다. 황소와 말의 가운데를 살펴보시면 하얀 비둘기를 찾을 수 있습니다.

〈게르니카〉를 그리다가 왜 갑자기 피카소는 황소와 말 사이에 비둘기를 그렸을까요? 그것은 비둘기가 평화라는 의미를 가지고 있기 때문입니다.

권력자와 민중 사이에 평화가 와서 이 지긋지긋한 내전이 끝나기를 바랐던 것은 아닐까요?

피카소가 그림의 상징적인 의미에 대해서 정확하게 말하지 않았습니다. 하지만 우린 한 가지를 알 수 있습니다. 그가 게르니카와 같은 끔찍한 사건이 더 이상 조국 스페인에서 벌어지지 않기를 간절히 바랐다는 사실을 말이죠.

비둘기를 통해 그의 마음을 엿볼 수가 있습니다. 지금까지 피카소가 그린 〈게르니카〉에 대한 배경과 그림에 대한 설명을 해드렸습니다. 여러분은 게르니카 사건에 대해서 어떻게 생각하시나요? 직접 레이나 소피아 미술관에 가서 그림을 통해 만나 보시기를 바랍니다.

6

마드리드의 환희와 슬픔이 공존하는 장소

: 솔 광장, 마요르 광장

마드리드에서 놓쳐서는 안 될 두 광장에 대해 소개하겠습니다. 솔 광장은, 스페인어로 Puerta del sol(뿌에르타 델 솔)입니다. 떠오르는 태양을 향해 동쪽을 향하고 있는 장소이죠. 15세기 성문 중 하나였던 곳이 도시가 성장하면서 만남의 광장으로 발전했습니다. 현재는 마드리드를 상징하는 랜드마크가 되었죠. 그런 솔 광장을 더 유명하게 만든 3가지를 소개합니다.

첫째, 곰동상입니다.

과거 마드리드는 사람보다 곰이 더 많이 살았던 곳이었습니다. '마르릴레호'라는 나무 열매를 좋아한 곰들의 서식지였죠. 도시의 상징물이 된 나무 타는 곰 동상이 과거 역사를 잘 보여줍니다. 1561년 스페인 국왕 펠리페 2세가 마드리드를 수도로 정하면서, 오늘날 형태의 마드리드에 모습으로 변하게 되었습니다.

둘째, 티오 페페(Tiopepe)입니다.

스페인은 포트 와인과 같은 주정강화 와인으로 유명합니다. 셰리주로 불리는 와인이죠. 이와 같은 와인이 스페인에서 사랑받은 이유 중 하나는 와인이 잘 상했기 때문입니다. 특히, 긴 항해 중에 와인이 상하는 경우들이 많았기 때문입니다. 그래서, 숙성 완료된 포도주를 증류하여 만든 브랜디를 넘어 알코올 도수를 15~20도까지 만들었습니다. 이러한 와인은 기존 와인(알코올 도수 10도)보다 도수가 높았기 때문에 쉽게 상하지 않았습니다. 그와 같은 장점 때문에 스페인에서 사랑받는 와인으로 자리 잡을 수 있었죠.

그 대표적인 브랜드가 Tio pepe입니다. 1930년대 솔 광장에 만들어진 캐릭터 병이 그려진 간판은 현재까지 솔 광장을 상징하는 랜드마크가 되었습니다. 스페인에서는 셰리주를 '헤레스(Jerez)'라고 부릅니다. 왜냐하면, 헤레스 지역에서 나오는 와인이기 때문입니다.

셋째, 0km.

스페인의 기준이 마드리드라는 사실을 보여주는 상징물입니다. 마드리드를 기준으로 해서 바르셀로나, 세비야 등의 주요도시 거리가 어느 정도인지를 보여주고 있죠. '모든 길은 로마로 통한다'의 스페인 버전이라고 이

솔 광장 (솔 광장과 마요르 광장)

야기할 수 있습니다. '모든 스페인길은 마드리드로 통한다'라고 해도 될 것 같습니다. 이 석판에는 한 가지 속설이 있는데요, '석판 위에 발을 올리고 기도하면 마드리드에 다시 오게 된다'고 합니다. 저도 마드리드에 살 때, 그와 같은 행동을 했는데요. 정말로 4년 만에 마드리드 땅을 다시 밟았습니다.

솔 광장을 더 많은 사람들에게 알린 3가지를 살펴보았는데요, 사실 이 3가지보다 더 중요한 솔 광장의 역할은 집회 장소입니다. 마치 우리 나라 광화문 광장처럼 말이죠.

1808년 5월 2일 나폴레옹 군대와 치열하게 싸운 장소이기도 합니다. 2011년에는 스페인을 강타한 금융위기에 분노한 시민의 대규모 집회가 있었던 장소이기도 하죠. 그저 단순한 만남의 광장을 넘어 시민들이 자유롭게 생각을 표현하고 잘못된 부분에 저항하는 중요한 역할을 하는 곳입니다.

그와 동시에 축제의 장소이기도 합니다. 특히, 새해 전야에는 수천 명의 사람들이 함께 모여 시계탑의 종소리를 들으며 새해를 맞이합니다.

종소리가 12번 울리는데요, 한 번씩 울릴 때마다 포도 알맹이를 먹어야 합니다. 그렇게 12알의 포도 알맹이를 다 먹고 나서 Feliz año nuevo(펠리스 아뇨 누에보, 새해 복 많이 받으세요.)라고 서로를 향해 외칩니다. 너무나 낭만적이고 즐거운 축제여서 저도 스페인에 살며 즐겼던 문화입니다. 솔 광장은 스페인 사람들에게 웃음과 눈물이 공존하는 공간입니다.

마요르 광장은, 솔 광장에서 5분 거리에 위치하고 있습니다. 스페인어로 Plaza mayor(플라자 마요르)로 불리죠. 이곳은 1619년 펠리페 3세에 의해 건축되었습니다. 가로 94m, 세로 129m인 유럽에서 가장 큰 광장입니다.

마요르 광장(솔 광장과 마요르 광장)

직사각형으로 되어 있는 마요르 광장은 9개의 문을 통해 마드리드의 주요한 거리로 연결됩니다. 광장에 접해 있는 237개의 발코니를 가진 3층 건물에 둘러싸여 있는 모습이 광장을 더 아름답게 느끼게 합니다. 그런 마요르 광장의 주요한 기능 3가지를 소개합니다.

첫째, 왕권강화(펠리페 3세 기마상).

펠리페 3세 기마상이 마요르 광장 중앙에 배치되어 있습니다. 스페인 무적함대를 이끌던 펠리페 2세의 아들로, 평화왕으로 불렸습니다. 왜냐하면, 전쟁지역에 휴전을 명령했기 때문입니다. 하지만 그는 아버지에 비해 게으르고 무능한 사람이었습니다. 문제를 극복하기보다는 회피하는 성격이었죠. 실제로, 총리에게 대부분의 업무를 맡기고 사치스러운 궁정생활을 즐긴 인물입니다.

휴전도 회피적인 목적을 가지고 이루어졌습니다. 그런 그의 재임기간에 마요르 광장이 만들어지면서, 그의 동상이 지금의 위치에 배치될 수 있었습니다. 그는 마요르 광장을 정치적인 목적으로 이용했습니다.

축제와 행사들이 진행할 때, 연사로 나와 선정을 베푸는 일들을 하였죠. 이와 같은 행동을 통해 그는 민심을 유지하려고 시도하였습니다. 그 이후에 왕들 역시 펠리페 3세와 같이 마요르 광장을 왕권강화의 도구로 사용하였습니다.

둘째, 투우쇼.

마요르 광장은 직사각형 광장으로 되어있습니다. 이 공간에 입구를 모두 막게 되면 투우를 할 수 있는 공간으로 바뀌게 되죠. 그래서 과거에 왕들은 마요르 광장에서 투우를 하곤 했습니다.

현대 투우는 물레타(붉은천)를 흔들고 투우사가 투우소와 대결하는 모습을 보여줍니다. 하지만, 과거 17세기에는 말을 타고 투우를 하였습니다. 특히, 뛰어난 투우사들이 소에 힘을 다 빼놓고 나서 왕이 등장했죠. 왕이 투우소를 제압하면, 그것을 지켜본 시민들이 우레와 같은 함성을 내지르면서 투우쇼는 끝나게 됩니다. 우리가 알고 있는 현대 투우와는 달리, 과거 투우는 왕들에 의한 왕들을 위한 왕권강화의 도구였습니다.

셋째, 마녀사냥.

마요르 광장은 과거 마녀사냥이 벌어졌던 무서운 장소였습니다. 마녀사냥이란, 나라에 반하는 사상이나, 종교적 이단행위를 하는 자들을 심판하기 위해 벌어졌던 고문과 재판을 말합니다.

처음에는 종교적 이단행위자를 심판하는 목적으로 시작된 재판이 재산을 몰수하기 위한 도구로 전락하였습니다. 특히, 부유한 과부들이 주요 공격의 대상이 되었죠. 그녀들은 모함을 받아 화형에 처해진 뒤 전 재산이 몰수되기까지 하였습니다.

마녀 재판의 대표적인 사례가 잔다르크입니다. 그녀는 화형에 처해질 어떠한 이유도 없었지만, 모함을 받아 화형에 처해졌죠. 이처럼 유럽에서 벌어진 마녀사냥은, 전혀 이성적이지 못한 잘못된 전체주의의 산물이었습니다. 마요르 광장도 집단 히스테리의 산물로서 마녀사냥을 경험한 장소였습니다.

지금으로서는 상상도 할 수 없는 일들이 마요르 광장에서 벌어졌다는 것을 살펴보았습니다. 아름다운 광장 이면에 숨겨진 어두운 진실이었죠. 이같은 사실을 통해 과거에 마요르 광장은 권력을 가진 자의 도구로서 사용된 장소라는 것을 알 수 있습니다.

마드리드는 솔 광장과 마요르 광장 외에도 매력적인 장소들이 많습니다. 특별히 마드리드 대성당과 마드리드 왕궁도 방문해보시길 추천드립니다. 특히, 유럽에서 가장 큰 왕궁인 마드리드 왕궁은 방문할 가치가 있습니다. 세계 어느 나라에서도 볼 수 없는 스페인 왕실의 화려했던 역사를 건축과 장식품을 통해 확인할 수 있기 때문입니다.

아론이 알려주는 100배 만끽 TIP

기네스북 레스토랑

이름 Restaurante Botin(보틴 레스토랑)

위치 C. de Cuchilleros, 17, Centro, 28005 Madrid, Spain(마요르 광장 근처)

추천메뉴 Cochinillo Asado(꼬치니요 아사도, 새끼돼지 구이), Solomillo Botin al champinon(솔로미요 보틴 알 참피논, 버섯과 안심스테이크), Gambas al ajillo(감바스 알 아히요, 올리브에 튀긴 새우요리)

팁 전 세계에서 가장 오래된 레스토랑. 헤밍웨이 단골 맛집. 사전 예약 필수.

샌드위치 맛집

이름 Bar La Campana(라 깜빠나)

위치 C. de Botoneras, 6, Centro, 28012 Madrid, Spain(마요르 광장 근처)

추천메뉴 Bocadillos Calamares(보카디요 깔라마레, 오징어링 샌드위치) , Patata Bravas(빠따따 브라바스, 스페인식 튀긴 감자)

팁 스페인에서 가장 유명한 오징어링 샌드위치집. 오픈시간 방문을 추천.

타파스 맛집

이름 mesón de champiñones(메손 데 참피논)

위치 Cava de San Miguel, 17, Centro, 28005 Madrid, Spain(마요르 광장 근처)

추천메뉴 Campiñones Rellenos Con Jamon(참미온네스, 버섯구이), Jamon Iberico Bellota(하몬 이베리카, 흑돼지 하몬)

팁 <꽃보다 할배> 촬영지. 라이브 공연을 들을 수 있는 곳.

츄러스 맛집

이름 chocolateria 1902(쵸콜라테리아 1902)

위치 C. de San Martín, 2, Centro, 28013 Madrid, Spain(솔 광장 근처)

추천메뉴 Chocolate con Churros(쵸콜라떼와 츄러스)

팁 마드리드에서 현지인들이 가장 많이 가는 츄러스집.

티키타카(Tiki-Taka)란 말을 들어 보셨나요? 흔히, 대화가 잘 통하는 상대와 티키타카가 잘 맞는다는 이야기를 하곤 하죠. 사실 이 말은 주고 받는다는 의미에 스페인어입니다. 또한 스페인의 축구 스타일을 가르키는 용어이기도 합니다. 짧고 빠른 패스를 주고받는 전술에서 유래한 말이죠. 이러한 장면을 가장 많이 볼 수 있는 공간이 스페인 축구장입니다.

엘 클라시코(El Clasico)란 말을 들어 보셨나요? 엘클라시코는 고전이라는 뜻을 가지고 있는데요.

지금은 FC 바르셀로나와 레알 마드리드 CF의 경기를 가르키는 용어가 되었습니다. 두 구단이 경기를 하게 되면 거친 몸싸움과 위협적인 태클이 난무하는데요, 단순한 라이벌을 넘어 전투같이 느껴질 정도입니다.

두 구단이 이처럼 전투처럼 경기를 하는 이유는 스페인 내전과 관련이 있습니다. 스페인 내전은 프랑코를 중심으로 한 군부세력과 공화정부에 3년간의 전쟁을 말하는데요, 이 전쟁 끝에 마드리드를 중심으로 한 프랑코가 승리하게 됩니다. 그리고 프랑코의 후원을 받은 레알 마드리드를 축구장에서만큼은 반드시 이기겠다는 각오로 싸운 클럽이 FC 바르셀로나입니다.

프랑코는 사망하였지만, 엘클라시코는 지금까지 이어지고 있습니다. 여전히 두 팀 간에 시합은 스페인 리그에서 가장 화제가 되는 경기이죠. 두 팀 간의 라이벌 의식과 경쟁관계는 다른 팀들에게도 영향을 주어 뜨거운 응원문화를 만들었습니다.

4개의 국가였던 스페인, 내전을 경험한 스페인, 다양한 인종과 문화가 섞인 스페인이라는 환경이 스페인 축구를 더 매력적으로 만들었습니다. 그래서 스페인 여행 중에 꼭 한 번 방문할 가치가 있습니다.

캄푸노 (Spotify Camp Nou, FC 바르셀로나 축구장)
위치 Les Corts, 08028 Barcelona, Spain
예약 fcbarcelona.cat

에스타디오 산티아고 베르나베우 (Estadio Santiago Bernabeu, 레알 마드리드 축구장)
위치 AV. de Concha Espina, 1 Chamartin, 28036 Madrid, Spain
예약 bernabeu.realmadrid.com

1일차	주간	프라도 미술관→레티로 공원
	야간	솔 광장, 마요르 광장, 그란비아
명소		1. 세계 3대 미술관, 프라도 미술관 가이드 투어 추천 (오전시간이 덜 붐빔) 2. 레티로 공원, 마드리드에서 가장 예쁜 공원, 현지인들이 사랑하는 휴식처 3. 야경 산책하며 구경하기 좋은곳(솔 광장, 마요르 광장), 쇼핑거리(그란비아)
맛집		1. Restaurante Botin(레스타우란떼 보틴, 세계에서 가장 오래된 식당, 스테이크 맛집) 2. Restaurante Lola Si Mola(레스타우란떼 로라 씨 몰라, 해산물 맛집, 빠에야, 뿔뽀 맛집) 3. Bond Madrid(본드 마드리드, 커피와 디저트 맛집, 소설속 한 장면 같은 카페)

2일차	주간	마드리드 대성당→마드리드 왕궁→산티아고 베르나베우 경기장
	야간	산미겔 시장→데보드 신전
명소		1. 유럽에서 가장 큰 궁전, 마드리드 왕궁은 스페인 전성기를 만날 수 있는 명소 2. 레알 마드리드 축구 경기장(세계 최고의 축구 클럽) 3. 산미겔 시장에서 간단한 식사 후 데보드 신전 방문 추천(야경이 예쁜 장소)
맛집		1. Chocolateria 1902 (초콜라테리아 1902, 츄러스맛집) 2. Oven Mozzarella Gran Via 6(오븐 모짜렐라 그란 비아 6, 파스타, 피자 맛집) 3. La Cabana Argentina(라 까바나 아르헨티나, 소고기 스테이크, 이베리코 스테이크 맛집) 4. Matador(마타도르, 현지인 타파스 레스토랑, 사람 많고 왁자지껄한 분위기, 하몬 맛집)

Part 3

스페인 속 이슬람 문화,
안달루시아 *Andalucía*

1

살아남기 위해 목숨을 걸고 만든 왕궁

: 알카사바

〈알함브라 궁전의 추억〉이라는 드라마를 보신 적이 있으신가요? 이 드라마가 촬영되었던 곳이 제가 스페인에 살 때, 일주일에 한 번씩 방문했던 알함브라 궁전이었습니다.

알함브라 궁전은 스페인에 남겨진 이슬람 궁전 중에 가장 화려하고 실용적인 건축인데요, 멕시코의 한 비평가는 궁전을 보고 이렇게 말했습니다. "그라나다에서 장님이 되는 것만큼 더 큰 형벌은 없다." 얼마나 아름다웠으면 장님이 되는 것이 가장 큰 형벌이라고 말했을까요?

저는 실제로 들어가서 내부의 공간에 새겨진 장식과 건축을 보고 그의 말에 동의하게 되었습니다. 알함브라 궁전은 스페인 '그라나다' 지역에 있는 이슬람 건축물입니다. 유네스코에 지정된 문화유산으로서 보존을 위해 하루 입장객을 제한하고 있는 곳이죠.

그래서 수개월 전에 미리 티켓을 확보하지 않으면 나스리 궁전을 볼 수 없을 정도로 인기가 많습니다. 그런데 왜 스페인에는 알함브라 궁전 같은 이슬람 건축이 존재하는 것일까요? 유럽의 다른 국가에서 보이지 않는 이슬람 양식의 건축과 장식들이 유독 눈에 많이 띄는 이유가 있을까요? 그 이유는 스페인의 역사와 관련이 있습니다.

스페인은 711년부터 1492년까지 이슬람 왕국들의 영향을 받은 나라입니다. 특히, 711년부터 1010년까지의 약 300년 동안 스페인이 아닌, 알 안달루스 왕국이라 불렸던 곳입니다. 그 당시에는 스페인뿐만 아니라 포르투갈까지도 이슬람 왕국의 지배를 받았습니다. 우리가 알고 있는 이베리아반도 대부분이 알 안달루스 왕국이라고 불릴 만큼 그 영향력이 엄청났던 시기입니다.

그렇다면 가톨릭 왕국의 사람들은 모두 스페인을 떠났을까요? 그렇지는 않았습니다. 스페인 북부 산악지역까지 밀려간 가톨릭 왕국의 후예들은 반격을 준비합니다. 그 반격을 준비하던 시기였던 9세기경 800년 동안 찾지 못했던 성 야고보의 유해가 갈리시아 지역에서 발견되었죠.

800년 전 갈리시아 지역에 매장될 예정이었던 그의 유해가 스페인이 가장 어려운 시기에 나타난 셈이죠. 이것이 국토 회복 전쟁을 치르고 있는 가톨릭 왕국의 후예들에게 희망의 구심점이 되었습니다. 그리고 성 야고보가 발견된 곳에 그를 기리기 위해 대성당이 세워지게 됩니다.

이와 같은 사건이 스페인 국토 회복 운동이 폭발적으로 성장하는 시작점이 되었습니다. 하지만 성 야고보 유해 발견의 진정한 가치는 전 유럽인의 시선을 스페인으로 가져왔다는 점입니다. 성 야고보의 유해를 보기 위해 수많은 사람이 찾아오기 시작하면서, 순례자의 길이 만들어지게 되었습니다.

현재까지도 종교의 유무를 떠나서 순례길을 걷는 사람들이 계속 이어지고 있습니다. 그만큼, 성 야고보의 유해 발견은 스페인 역사에 아주 중요한 사건이었습니다. 그리고 이때부터 가톨릭 왕국들이 다른 유럽의 국가들의 지원을 받게 되면서 세력을 확장하기 시작했고 결국 이슬람 세력을 무너뜨리고 스페인 영토를 모두 되찾게 됩니다. 그리고 그 역사 속에서 마지막까지 이슬람 왕국을 유지했던 장소가 그라나다이고, 그 왕궁의 이름이 알함브라 궁전입니다.

그렇다면 알함브라 궁전은 누가 만들었을까요? 알함브라 궁전을 만든 이들은 나스리 왕조입니다. 가톨릭 왕국들의 공격으로 대부분의 영토를 빼앗긴 상황에서 안전한 왕궁을 만들 계획을 세웁니다. 그래서 성벽을 먼저 짓고, 왕궁을 나중에 지어야만 했습니다.

그라나다 땅에 해발 740m 높이에 완벽한 요새 형태로 건축을 진행하였습니다. 1238년부터 1391년까지 150여 년 동안 주요한 건축들이 완성되었습니다. 이후에 보수 및 추가 건축이 있었지만, 현재 모형의 형태를 갖춘 것은 14세기 말이었습니다. 그들은 이슬람 문화의 진수를 보여주고 지상의 모든 기쁨이 머무는 듯한 착각을 궁전에서 느끼게 하고 싶었습니다. 정신을 건축에 담으려는 대담한 시도였죠. 그런 그들의 시도는 완벽하게 성공하였습니다.

알함브라의 본래 의미는 '붉은 것'입니다. 그리고 이 의미가 확장되면서 '붉은 요새', '붉은 성'으로 불리게 된 거죠. 가톨릭 왕국들이 돌을 통해 건축물을 만든 것과는 대조적으로 알함브라는 흙을 구워서 만들었습니다. 흙을 구워서 만든 성의 모습이 붉은 것이었기에, 알함브라로 불리게 된 것이죠. 흙이 붉은색으로 변하게 된 것은 이 지역 흙에 함유된 산화철 때문입니다.

알카사바는 성벽이라는 의미를 가지고 있습니다. 알함브라 궁전이 건축될 때, 가장 먼저 건설된 곳이기도 합니다. 왜냐하면, 당시에 궁전을 건축하는 것보다 군사시설을 만드는 것이 시급했기 때문입니다. 언제 공격해올지 모르는 적들의 침략에 대비하기 위해서 필요했던 공간입니다.

알카사바에서 가장 높은 탑은 경의의 탑(26m)입니다. 이 탑은 알카사바의 망루이자 군사 지휘소였습니다. 적들의 동태를 살피는 역할과 침략한 적에게 대응할 수 있는 모든 것을 갖추고 있었습니다. 궁전이 건설되기 이전이

었기에 당시에 국왕이었던 무함마드 1세는 알카사바에 머물렀을 것으로 추정됩니다.

내부 요새의 울타리 안에는 공동주방, 물 공급 저수지, 목욕탕, 숙소 등을 볼 수 있습니다. 과거 이슬람 군사들이 살았던 모습을 완벽하게 추측하기는 어렵지만, 그들의 살았던 터를 통해서 그 시대를 생각해 볼 수 있습니다. 무엇보다 흥미로웠던 것 중 하나는 지하 감옥이었습니다. 빛을 보지 못하게 지하에 감옥을 만들고 심문했던 흔적이 남겨진 건축을 통해 알게 되었죠. 〈알함브라 궁전의 추억〉 드라마에서 현빈 씨가 갇혔던 감옥도 이곳입니다.

알카사바에서 두 번째로 높은 탑은 벨라의 탑입니다. 이곳 역시도 망루의 역할을 했던 장소이지만 경의의 탑과 차이가 있습니다. 그것은 1492년 1월 2일 스페인이 그라나다 정복의 상징으로 깃발을 게양했다는 점입니다. 가톨릭 국가들이 깃발을 통해 이슬람을 정복하였음을 그라나다 시민들에게 알렸던 것입니다.

그날을 기념하며 탑에는 '종'이 추가되었고, 지금까지 계속해서 행사를 진행할 때 울리게 되었습니다. 그때부터 지금까지 이 종은 그라나다 시민들에게 인기가 많은데요, 특별히 결혼하지 않은 미혼 여성들에게 인기가 많습니다. 1월 2일에 종을 울린 미혼 여성은 그 해가 가기 전에 결혼한다는 이야기가 전해지기 때문이지요. 벨라의 탑은 알카사바에서 가장 아름다운 전망대이기도 합니다.

알바이신 지구에서 바라본 그라나다 알함브라 궁전

전망대에서 바라보면 그라나다 시민들이 살고 있는 하얀색의 집들이 보이는데, 그곳이 알바이신 지구입니다. 푸른 하늘과 하얀 집들의 조화가 완벽하게 어우러져서 한 폭의 그림 같은 장소입니다.

알바이신 반대편에는 시에라 네바다의 설산들을 볼 수 있습니다. 그곳 근처에 수원지가 있어 알함브라 궁전에 충분한 물을 공급할 수 있었습니다. 알카사바의 벨라의 탑을 보고 내려와서 출구로 가면 물이 흐르는 소리를 들을 수 있습니다. 그곳은 물을 저장하는 공간이었고, 그 물을 통해 병사들은 요리도 하고 목욕도 할 수 있었습니다.

알함브라 궁전에서 약 6km 떨어져 있는 수원지에서 물을 끌어와 왕궁까지 가져왔기에 가능한 일이었죠. 700년 전에 완벽한 수도 시스템을 궁전 내부로 가져온 이슬람 기술력을 알카사바에서 확인해 보시기 바랍니다.

2

타지마할 건축에 영향을 준 르네상스 양식 궁전

: 나스리 궁전

맥스아르 궁전

나스리 궁전에 입장하는 출입문입니다. 나스리 궁전에 가장 서쪽 단지에 위치하여 행정 업무들을 수행하던 곳입니다. 맥스아르라는 아랍어의 뜻은 '장관들의 조언'이라는 의미를 가지고 있습니다. 왕과 그의 관료들이 모여 국정을 논의하던 곳이었습니다. 불행하게도 가톨릭 국왕들이 정복한 후에 개조하게 되면서 많은 부분이 훼손되어 버렸습니다.

원형이 남아 있는 부분은 천장과 그것을 지탱하고 있는 중앙의 기둥 4개 뿐이지요. 하지만 남겨진 것들을 통하여 우리는 이슬람 건축의 의미를 충분히 느낄 수 있습니다. 특별히 천장에 새겨져 있는 기하학적인 문양과 타일 조각에 그려진 다양한 색들을 주목해야 합니다. 그 기하학적인 무늬가 상징하는 의미가 무엇인지, 새겨져 있는 아랍어를 통해 알 수 있었습니다.

"알라 외에 다른 정복자는 없다."

바로 자신들의 신 외에는 누구도 자신들을 정복할 수 없다는 단호한 마음가짐이 글귀에 남겨져 있습니다. 이 공간에 신이 함께하고 있고, 자신들을 보호하고 있음을 글귀에 새겨 넣은 것이지요. 동시에 천장과 타일에 새겨진 기하학적인 무늬들을 통해 알라가 만든 세계의 모습을 표현하려 하였음을 알 수 있습니다.

맥스아르 궁전(나스리궁)

야, 나도 가자! 스페인!

맥스아르 궁전은 정복 후 카톨릭 국왕들에 의해 미사 장소로 개조되었고, 2층 발코니에 성가대석을 만들었습니다. 그 흔적들을 확인하며 방의 끝에 다다르면 좁고 긴 방이 하나 보입니다. 그곳은 왕과 그의 관료들이 기도했던 장소이죠.

창을 통해 건너편을 바라보면 알바의신과 사크로 몬테의 모습을 볼 수 있습니다. 매일같이 아름다운 풍경을 보고 살았던 무어인들이 부럽게 느껴지는 장소입니다. 기도실을 지나 이동하면 황금의 방으로 연결됩니다.

이곳은 왕이 시민들을 만나 청원한 내용에 대해 판결하는 장소입니다. 특별히 왕이 앉았던 공간은 벽면 전체가 화려한 석회와 타일 장식으로 덮혀 있어 왕을 더 빛나는 존재로 만들어주었습니다. 왕을 보호하는 병사들이 만일의 사태를 대비해서 시민들을 줄을 세우고 왕과의 간격을 두고 청원은 진행되었습니다.

코마레스 궁전

황금의 방이 있는 곳에 반대편으로 이동하여 계단을 밟고 올라가면 놀라운 풍경이 펼쳐집니다. 도착한곳은, 아라야네스 정원입니다. 햇살이 비추고 물웅덩이와 꽃들이 가득한 정원이 펼쳐지죠. 코마레스 궁전 앞 하얀 대리석으로 깔끔하게 만들어진 아라야네스 정원 모습입니다.

각국의 대사들은 왕을 만나기 위해 이 공간을 반드시 지나쳐야 했는데, 이곳에 넘치는 물과 식물을 보고 감탄을 했습니다. 해발 700m가 넘는 곳에 물이 넘치고, 식물이 자라고 있는 모습이 놀라웠을 것입니다.

그곳에 피어난 하얀꽃은 만개하여 사람을 유혹합니다. 이 꽃의 이름은 아라야네스인데요, 사람을 흥분하게 하는 각성효과를 가지고 있습니다. 그래서, 각국의 대사들은 침착하게 자신들의 국가에 이야기를 할 수 없었다고 합니다. 이 공간은 사람의 혼을 쏙 빼놓는 곳이라 말할 수 있습니다.

각국의 대사들은 왕을 만나기 전 물웅덩이를 살펴보게 됩니다. 그곳에서 물이 흐르는 것을 보면서 그들은 더욱더 놀라게 되죠. 물의 깊이가 몇 m인지 알 수 없을 만큼 깊어 보이기 때문입니다. 그렇다면 물의 깊이는 도대체 얼마나 될까요? 깊이는 정확하게 75cm입니다. 무릎이 잠길 정도의 아주 얕은 수준이죠. 그런데 어떻게 눈으로 보았을 때는 그리도 깊어 보였을까요?

그 이유는 웅덩이 아래쪽에 검은 돌들을 두었기 때문입니다. 검은 색깔의 돌들 덕분에 물에 깊이를 가늠할 수 없게 된 셈이죠. 코마레스 궁전의 중앙 반대편에 유독 사람들이 사진을 많이 찍는 장소가 있습니다. 그곳에서 사진을 찍으면 물웅덩이에 비치는 궁전의 모습이 보입니다.

완벽한 르네상스 기법을 느낄 수 있는 장소죠. 왜냐하면, 상하좌우 오차 없는 궁전을 볼 수 있기 때문입니다. 데칼코마니 같기도 합니다. 이 장소를 보고 만들어진 유명한 건축물이 있는데, 그것은 인도에 있는 타지마할입니다.

이렇게까지 혼이 쏙 빠질 정도로 멋진 풍경과 이야기들을 듣게 된 대사들은 왕을 만나기도 전에 알함브라 궁전에 완전히 매료되게 됩니다. 그때 그들은 대사의 방으로 안내가 됩니다. 수많은 사람이 함께 왔더라도 왕을 만날 수 있는 대표는 오직 한 사람이었죠.

그렇다면 왕과 1:1로 만나는 걸까요? 실제로는 그렇지 않았습니다. 왕과 왕족 그리고 신하들로 구성된 사람들이 대사를 둘러싸는 구조로 접견실이 만들어져 있습니다. 하지만, 방에 들어가면 왕이 기다리고 있는 것이 아닙니다. 그래서 대사는 왕을 기다리며 주변을 살피게 되죠.

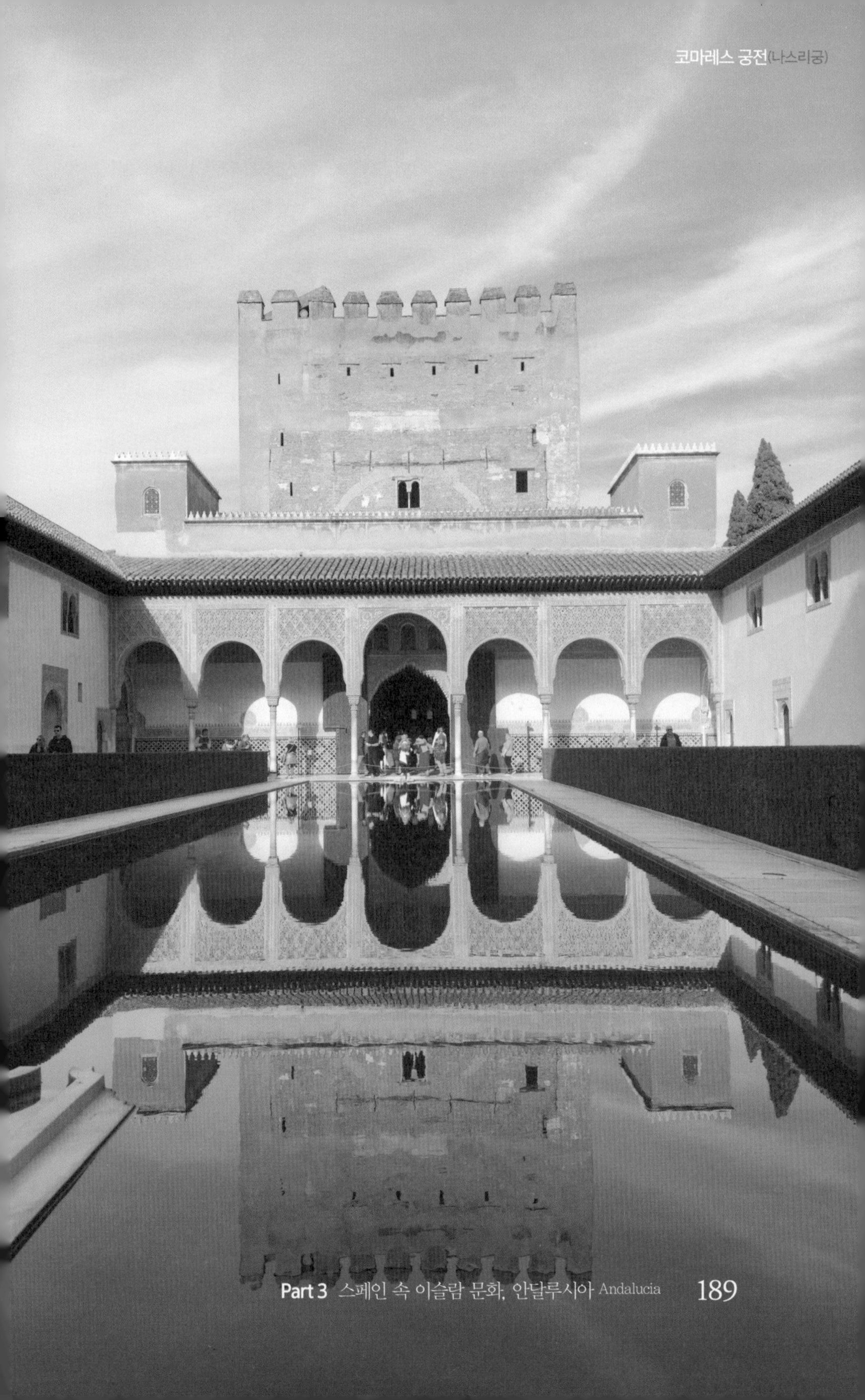

제8의 천국(나스리궁)

그는 그곳에서 빛나는 천장을 바라보게 됩니다. 8,000조각이 넘는 삼나무로 장식하고 황금색의 별 모양으로 채색한 천장이 위쪽에서 빛나고 있습니다. 이 천장은 이슬람 경전에서 이야기하는 7개의 하늘을 상징하며 한가운데 알라신을 상징하는 팔각형의 홈이 파여 있습니다.

대사는 천장을 보다 아찔함을 느끼고 주변을 살핍니다. 수많은 식물 문양, 기하학 문양, 아랍문자가 눈에 들어옵니다. 그리고 끝없는 아랍문자에는 이런 내용이 적혀 있습니다. "알라 외에 다른 승리자는 없다." 그가 점점 더 이 공간 안에 있는 것이 괴롭게 느껴질 때, 왕과 신하들이 등장합니다.

정면에서 왕의 음성이 들려서 앞을 바라보죠. 그러나 왕의 뒤편에 창이 열려 있어, 빛 때문에 왕을 제대로 볼 수 없습니다. 자연히 왕에게 시선을 두지 못하고, 대화에 집중할 수 없는 자신을 발견하게 됩니다. 이와 같은 치밀한 계획들에 의해 대사들은 자신들이 원하는 협상을 제대로 하지 못하고 본국으로 되돌아갔습니다.

사자의 궁전

사자의 궁전은 알함브라 궁전에서 가장 유명한 궁전입니다. 무함마드 5세 통치 시절에 만들어진 공간으로 나스리 건축의 전성기를 보여주는 곳이죠. 앞에서 살펴본 건축물들이 공적인 건물이었다면, 사자의 궁전은 왕과 그 가족만을 위한 사적인 공간입니다.

나스리 왕조시대에는 '행복한 정원'이라 불리었죠. 이슬람 경전의 묘사되어 있는 낙원의 모습을 현실화시킨 곳이기에 지금껏 우리가 만났던 곳 중에 가장 아름다운 곳입니다. 사자의 궁전 내부에 124개의 기둥이 있습니다. 기둥의 의미는 종려나무를 상징하죠. 나무의 기둥 부분은 대리석, 기둥 위쪽의 나뭇잎은 석회 조각으로 장식되어 있습니다. 승리와 번영을 의미하는 종려나무 기둥과 나뭇잎이 섬세하게 만들어져 있습니다.

기둥의 위아래에는 납고리가 끼워져 있습니다. 왜냐하면 지진에 대한 완충작용을 위해 설치된 것입니다. 알함브라 궁전이 있는 그라나다는 여러 단층에 위치하여 있었기에 과거 여러 차례 지진을 겪었습니다. 그래서, 이 문제를 해결하기 위해 납 고리들을 기둥 위아래에 설치하게 된 것이죠. 실제로 1431년에 지진이 발생했을 때, 일부의 마을들은 파괴되었지만 알함브라는 아무런 피해도 보지 않았습니다. 미리 준비하고 대처한 그들의 지혜를 엿볼 수 있는 부분입니다.

사자의 궁전은 알함브라의 다른 궁전에 비해 독특한 점이 있습니다. 일반적으로 이슬람 건축에서는 사람이나 동물에게는 영혼이 있어 건축물 등에 장식으로 사용하지 않습니다. 그래서 우상숭배라는 인식 때문에 철저히 금지했던 부분입니다. 실제로 알함브라의 공식적인 건축물에서는 이러한 것들이 보이지 않았죠. 그런데, 사자의 궁전은 그렇지 않습니다. 동물 조각상 또는 사람 형상의 그림들을 볼 수 있습니다. 이것이 가능할 수 있었던 이유는 무엇일까요?

　　실제로 사자의 궁은 왕 외에 남자는 들어올 수 없었던 곳이었습니다. 다시 말해 왕의 완벽한 사유지라고 말할 수 있는 곳이지요. 그렇기 때문에 이슬람에서 금지하는 것들도 왕의 취향에 따라 내밀하게 소유하였다는 것을 볼 수 있습니다.

사자의 궁

그 중의 하나가 사자의 분수대입니다. 구전에 의하면 사자의 분수대는 유대인들이 만들었고, 그라나다 왕에게 보낸 선물이었다고 합니다. 하지만, 정확하게 밝혀진 사실이 없어 이슬람 왕들에 의해서 만들어졌다고 보는 의견이 더 많습니다.

아벤세라헤스의 방

중앙 정원을 기준으로 오른쪽 첫 번째 공간은 아벤세라헤스의 방입니다. 아벤세라헤스는 그라나다의 유력한 귀족 가문이었습니다. 힘이 강해지면 자연히 더 높은 곳을 바라보는 것이 인간의 마음이었을까요?

그들은 왕을 몰아내고 자신들이 왕이 될 계획을 세우게 됩니다. 하지만, 왕에 대항하여 반역을 꾸미던 그들의 계획은 왕의 귀에 들어가게 됩니다. 왕은 이 일이 밖으로 새어 나가지 않도록 신중하게 일을 처리합니다. 그는 자신의 사유지로 아벤세라헤스의 사람들을 연회로 초대하였죠. 맛있는 음식을 먹으며 악기가 연주되는 평범한 파티처럼 완벽하게 꾸몄습니다. 처음에는 왕을 의심했던 아벤세라헤스 가문의 사람들도 술을 마시며 기분이 좋아지자 의심을 내려놓고 왕과 즐거운 만찬을 즐겼습니다.

그런데, 연회가 깊어져 가던 중 갑작스럽게 방의 문이 닫혔습니다. 곧이어 군사들이 들어와 아벤세라헤스 가문의 사람을 인정사정 없이 칼로 베어 버렸습니다. 밖으로 나가기 위해 문을 찾는 그들을 군사들은 살려두지 않았죠. 결국, 한 사람도 밖으로 나가지 못하고 그 자리에서 모두 숨을 거두게 됩니다. 방은 피로 물들었고, 그 피는 정원의 바닥에 흘러 물길로 들어갔고 사자의 분수대는 아침까지 피가 솟구쳤다는 일화가 전해집니다.

그 사건에 피의 흔적이 아직도 남아서 방바닥 한가운데 분수 접시에 붉은 얼룩이 있다고 하는 구전의 이야기가 있지만, 실제로는 물속의 철 성분으로 인해 생겨난 얼룩입니다.

아벤세라헤스의 방은 다른 공간보다 공명감이 좋은 곳입니다. 왕은 여기서 악사들의 음악을 듣고 무희들의 춤을 보았습니다. 한마디로 왕의 음악 감상실 같은 곳이라 말할 수 있죠. 건축을 통해 음악감상실을 만든 무어인들의 건축기술을 느끼게 만듭니다. 이슬람 건축에서 분수를 자주 볼 수 있습니다. 특히, 바닥에 동그란 접시 형태로 납작하게 붙어 있는 것이 많죠. 그것은 아랍인이 바닥에 앉아 물을 만지는 풍습에서 유래한 것입니다.

왕들의 방

사자의 정원 맨 끝에 있는 장소는 왕들의 방입니다. 이곳은 긴 방을 세 칸으로 나누어 놓았는데요. 여기서 눈여겨보아야 하는 것은 그림입니다. 특히 세 개의 방마다 돔 형태의 타원형 천장화가 그려져 있죠. 그림은 사람의 형상들을 하고 있습니다. 그중 중앙에 있는 것은 나스리 왕조 초기 10명의 왕을 묘사하고 있습니다. 가톨릭왕국과 우호적이었던 왕들의 얼굴이 그려져 있습니다.

그런데 어떻게 오랜 시간 이 그림이 손상되지 않고 유지되었을까요? 천장에 나무로 타원형의 돔을 먼저 만들고, 그 안에 양가죽에 그린 그림을 부착했기 때문입니다. 나무 돔 위로는 공기층을 두고 지붕을 얹었습니다. 왜냐하면, 가죽을 습기로부터 완벽히 보호하여 부패를 방지하기 위해서입니다. 이 같은 섬세하고 철저한 관리를 통해 그림들을 잘 보존하였습니다.

왕들의 방 그림(나스리궁)

두 자매의 방

아벤세라헤스 방의 반대편에는 두 자매의 방이 있습니다. 이 방은 무함마드 5세 때에 건축이 된 장소로, 자매처럼 사이가 좋았던 두 후궁을 위한 방입니다. 천장에는 모사라베(종유석) 양식으로 꾸며진 천장을 볼 수 있습니다. 종유석 동굴과 유사한 형태의 기하학 장식은 해가 비추는 오전에 더욱 아름답습니다.

왜 이슬람에서는 이러한 종유석 동굴 형태의 장식을 많이 만들었을까요? 그 이유는 이슬람의 창시자 무함마드와 관련이 있는데요, 그가 신의 계시를 받았던 곳이 종유석 동굴이기 때문입니다. 그래서 종유석 동굴의 장식은 아름다운 장식을 넘어 신이 함께 하는 의미를 지니고 있습니다. 가우디 역시 젊은 시절에 이슬람 건축양식에 푹 빠져서 까사비센스에서 종유석 동굴 장식을 만들기도 하였습니다. 두 자매의 방에서 가장 눈에 띄는 것은 린다라하의 전망대입니다.

린다라하는 아랍어 아이샤에서 파생이 되었습니다. 아이샤는 그라나다의 마지막 왕 보압딜의 어머니입니다. 그녀는 왕궁 안에서 백성들이 살아가는 모습을 늘 볼 수 있기를 원했습니다. 그래서, 두 자매의 방에 한 장소를 확장하였죠. 그곳이 알바이신과 사크로몬테 모두 보이는 멋진 전망대가되었습니다. 하지만 안타깝게도 가톨릭 세력이 알함브라를 점령한 후, 그 앞에 다른 건물을 지으면서 전망대의 역할을 상실하고 말았습니다.

우리가 이 장소에서 놓쳐서는 안 되는 것이 있습니다. 그것은 바로 린다라하 전망대의 천장입니다. 천장은 이슬람 양식의 장식뿐 아니라 스테인드글라스로 꾸며져 있습니다. 왜 중세 고딕 성당에서 주로 보이는 스테인드글라스 장식을 알함브라 궁전에 장식했을까요?

그 이유는 벽에 색깔을 넣기 위해서는 염료 값이 상당히 많이 들었기 때문입니다. 그것을 대체하기 위한 목적으로 스테인드글라스를 배치한 것입니다. 그래서 낮에 비치는 태양을 통해서 풍성한 색감이 건물 내부로 스며들게 만든 것이지요. 이렇게 함으로써 효과는 높이면서 비용은 절감할 수 있었습니다.

스테인드 글라스(나스리궁)

황제의 방

사자의 궁 밖으로 나가는 길에 황제의 방을 보게 됩니다. 카를 5세, 스페인의 국왕이자 신성로마제국의 황제였던 그는 원래 있던 이슬람 천장의 구조를 바꾸어 자신이 좋아하는 문장으로 만들었습니다. Plus ultra(보다 더 멀리 나아가다). 이 문장은 현재도 스페인 국기에서 볼 수 있습니다. 황제의 방은 그라나다로 신혼여행 온 황제가 머물렀던 장소입니다. 하지만 너무 짧은 시간만 이 공간에 머물고 왕들이 더 이상 찾지 않아 한동안 방치되었습니다.

워싱턴 어빙의 방

아름다웠던 알함브라 궁전은 스페인 국왕들의 무관심 속에서, 훼손돼 갑니다. 특히나 콜럼버스의 신대륙 발견 이후 세비야를 중심으로 한 무역이 발전하면서, 그라나다는 점점 더 소외되어 가게 되죠. 방치된 알함브라 궁전은 노숙자와 도굴꾼이 모여 들면서, 건축이 훼손되고 장식들이 사라지는 사건들을 겪게 됩니다.

그렇게 잊혀져 가던 알함브라 궁전을 전 세계에 알렸던 인물이 있습니다. 그의 이름은 워싱턴 어빙입니다. 그는 알함브라 궁전에 관련된 이야기들을 묶어 책으로 출간하였죠. 그 책이 전 세계로 번역되면서 수많은 사람이 알함브라 궁전에 관심을 갖게 되었습니다. 그를 통해 방치되던 알함브라 궁전이 전 세계인이 주목받는 명소로 탈바꿈하게 된 것이죠. 그가 알함브라 궁전에서 머물렀던 장소를 지금은 워싱턴 어빙의 방이라고 부릅니다.

르네상스 안 뜰

워싱턴 어빙의 방을 지나면 알바이신 지구와 사크로 몬테가 보이는 전망이 펼쳐집니다. 그곳에서 눈으로 다 담아 갈 수 없을 만큼 아름다운 영화 속 한 장면을 만나게 되죠. 사진을 찍어도 눈으로 본 것과 같은 모습이 아니기에 자꾸만 생각이 나는 장소입니다. 전망을 지나 아래로 내려오면 중앙 분수대에 받침대가 있습니다.

여름에 방문하시는 분들은 받침대에 흐르는 물을 꼭 만져보세요. 3,000m 시에라 네바다에서 내려온 물이어서 정말 시원합니다. 통로를 통해 밖으로 나가면 보이는 안뜰이 참 아름다운데요, 그곳은 무어인들이 만든 공간은 아닙니다. 그라나다 정복 후 가톨릭 국왕들이 르네상스 양식으로 새롭게 만든 공간입니다. 이슬람과 가톨릭의 만남이 교차하는 장소이기에 이색적이고 매력적입니다.

파르랄 궁전과 정원

린다라하 안뜰을 지나서 밖으로 나가면 하나의 궁전이 보입니다. 이 궁정은 무함마드 3세 시절에 만든 궁전으로써, 알함브라 궁전에서 가장 오래된 궁전입니다. 나스리 궁 티켓을 얻지 못한 분들이 방문하여 이슬람 건축의 매력을 느낄 수 있는 장소이죠.

이곳에서 웅덩이에 비친 파르랄 궁전과 함께 사진을 찍어 보세요. 완벽한 르네상스 건축 속에 있는 자신을 느끼실 겁니다. 파르랄 궁전 옆쪽에는 미흐랍이 있습니다. 작지만 화려하게 장식된 모습을 볼 수 있죠. 궁전에서 언제나 알라신께 기도했던 무어인들의 삶을 엿볼 수 있습니다.

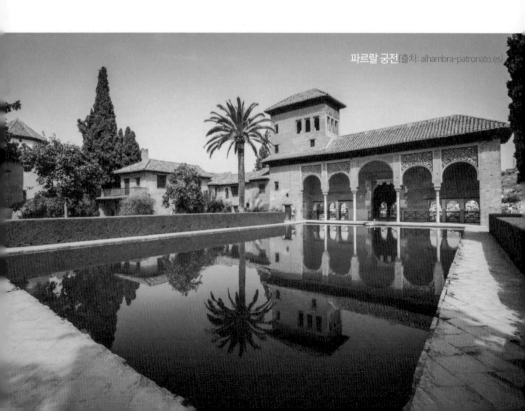

파르랄 궁전 (출처: alhambra-patronato.es)

린다라하 정원 (alhambra patio lindes)

3

하늘과 바람과 태양이 머무는 궁전

: 헤네랄리페

헤네랄리페 궁전은 나스리 왕족들의 여름 별장입니다. 왕가의 개인 사유지인 이곳은 여름에 가장 시원하였고 아름다운 풍경을 볼 수 있는 장소였죠. 그래서 이슬람왕들이 즐겨 찾던 장소입니다. 그러나, 헤네랄리페는 단순한 여름 별장은 아니었습니다. 그보다 더 중요한 물을 저장하는 역할을 하였죠.

실제로 무어인들은 6.1km 떨어진 다로 강에서 물을 가져올 수 있는 수로를 만들었습니다. 그리고 그 물들을 헤네랄리페에 저장해 두었다가 궁내부로 흘려보냈습니다. 해발 700m가 넘는 알함브라 궁전에 풍부한 물이 넘칠 수 있었던 이유가 여기에 있습니다. 근처에 있었던 강과 물을 끌어올 수 있는 관개용 수로 기술이 있었기 때문입니다.

헤네랄리페는 풍부한 물을 바탕으로 과수원, 말 방목지, 채소재배까지 가능하였습니다. 그래서 나스리 궁전이 파괴되어도 헤네랄리페로 피신해서 전쟁을 이어갈 수 있었죠. 왜냐하면, 풍부한 물을 저장했고 그 물을 바탕으로 식량을 확보할 수 있었기 때문입니다.

하지만, 가톨릭 국왕들이 그라나다를 침공했던 1492년, 그라나다의 왕 보압딜은 끝까지 저항하여 싸우지 않았습니다. 왜냐하면, 전쟁은 알함브라 궁전 파괴와 함께 수많은 사람의 목숨을 잃게 할 것임을 잘 알고 있었기 때문입니다. 결국, 보압딜은 항복을 선택하죠. 그의 항복을 통해 나스리 궁도 헤네랄리페(여름 별장)도 모두 파괴되지 않고 잘 유지될 수 있었습니다.

　헤네랄리페는 알함브라 궁전의 다른 어떤 곳보다도 물소리가 아름답게 퍼지는 곳입니다. 이 아름다운 공간에서 울려 퍼지는 물소리를 듣고 한 기타리스트가 너무나 멋진 곡을 만들었죠. 그 곡은 "알함브라 궁전의 추억"입니다. 이 음악곡을 작곡한 사람은 스페인 최고의 기타리스트이자 작곡가인 프란시스코 타레가입니다.

　그가 '알함브라 궁전의 추억'을 작곡한 이유는 사랑 때문이었습니다. 타레가는 그의 제자 콘차를 사랑했습니다. 그래서 그는 진심을 담아 그녀에게 사랑을 고백하였죠. 하지만 그녀는 냉정하게 그의 마음을 거절합니다. 그녀는 그를 사랑하지 않았습니다. 타레가는 실연의 아픔을 달래기 위해 스페인 남부를 여행하던 중에 알함브라 궁전을 방문합니다.

헤네랄리페

알함브라에서 그는 깨닫게 됩니다. 아름다움에 비친 슬픔의 의미를 말이죠. 그 슬픔에 의미를, 또랑또랑 흘러내리는 물속에서 발견하게 되어 곡을 만들게 됩니다. 하지만 이곡의 탄생에 다른 주장도 있습니다. 알함브라 궁전에 방문한 타레가가, 찬란했던 과거의 모습을 잃어버린 궁전의 쓸쓸함을 표현한 것이라고 말하는 견해이죠.

두 가지 중 무엇이 되었던 한 가지 확실한 것은, 음악을 듣는 내내 미래가 보이지 않고 과거가 보인다는 것입니다. 트레몰로 주법을 통한 그의 기타 연주가 알함브라를 더욱 쓸쓸하게 느끼게 하죠. 트레몰로 주법이란, 음이나 화음을 빨리 규칙적으로 떨리듯이 반복적으로 연주하는 주법입니다.

알함브라 궁전이 가장 아름답게 보이는 순간은, 그 공간을 떠나야 하는 순간입니다. 그 찰나의 시간에 완벽한 건축과 자연의 조화를 사진으로 남겨 돌아오곤 했죠. 이 글을 읽고 계신 독자분들도 알함브라 궁전을 떠나기 바로 전에 사진을 남겨보시길 바랍니다. 한 장의 사진이 알함브라 궁전을 더 짙게 추억할 수 있게 만들어 줍니다.

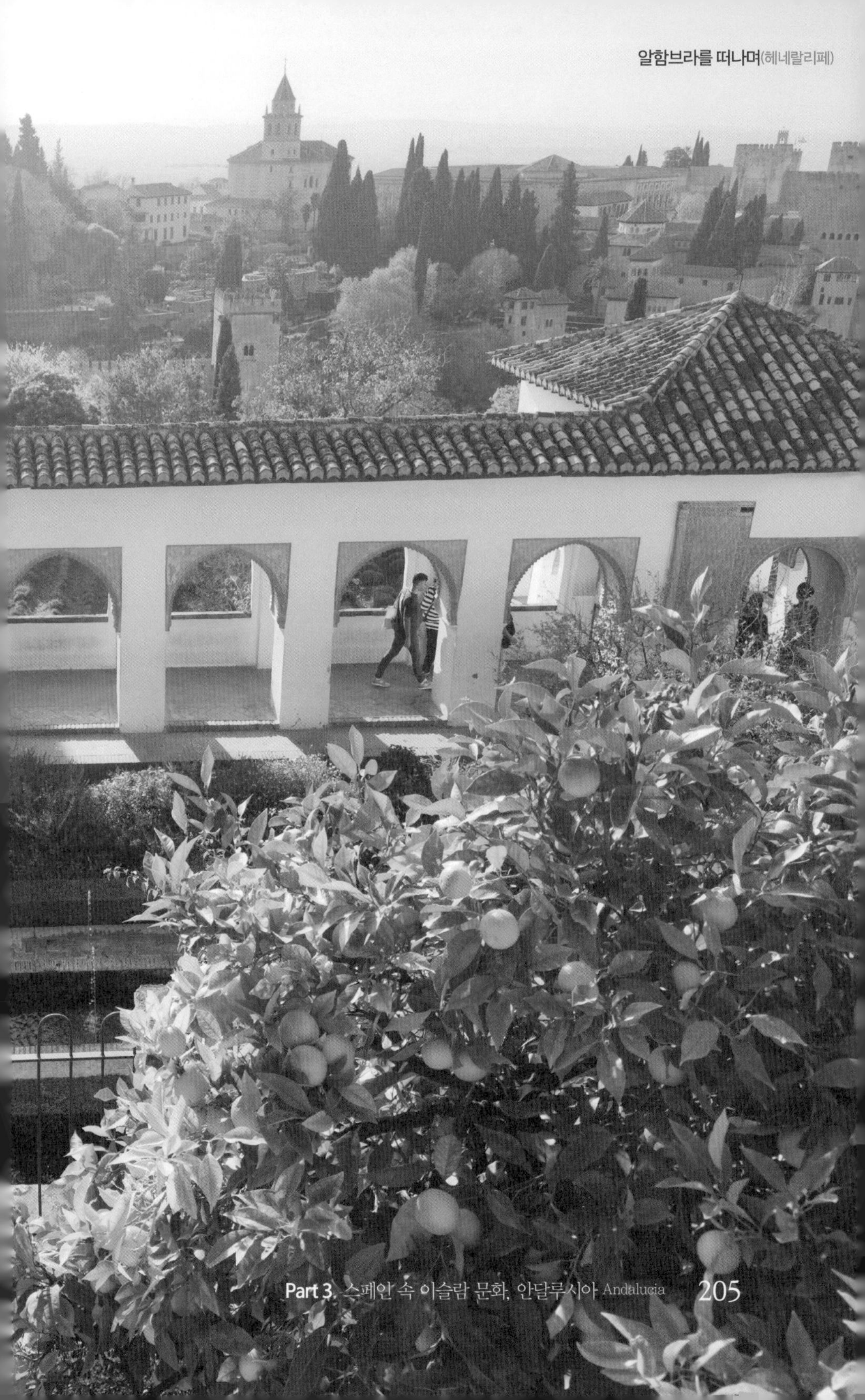

14

스페인 왕가의 욕망이 낳은 건물

: 카를 5세 궁전

　르네상스 시대에 전 세계에서 가장 광활한 영토를 가졌던 왕이 있는데요, 그가 바로 카를 5세입니다. 그는 스페인의 국왕이자 신성로마제국의 황제였죠. 유럽에서도 가장 큰 영토를 소유했고, 아메리카에서도 가장 큰 영토를 소유하였습니다. 그보다 막강한 권력을 가지고 있던 인물은 동시대에 없었습니다.

　그런 그가 1526년 그라나다로 신혼여행을 오게 됩니다. 그는 알함브라 궁전에 아름다움에 압도당한 후 분노하였습니다. 왜냐하면, 이슬람 문명보다 가톨릭 문명이 더 아름다운 건축을 만들 수 있다는 것을 보여주고 싶어 했기 때문이죠. 그래서 멀쩡한 이슬람 궁전 하나를 허물고 공사를 시작하였습니다.

　하지만 갑작스럽게 새 궁전을 올리면서 재정부족에 시달리게 됩니다. 그래서 무어인 들에게 세금을 부과하였지만, 거센 반란이 일어나 공사가 중단됩니다. 결국, 카를 5세 시절에 건축을 완공하지 못하게 됩니다. 1527년에 시작된 건축은 400년이 지난, 1923년에야 완공될 수 있었죠.

　현재 1층은, 알함브라 박물관, 2층은 그라나다 미술관으로 활용 중입니다. 카를 5세가 건축을 시작할 당시, 미켈란젤로의 제자였던 페드로를 불러 르네상스 양식의 건축을 만들라고 명령했습니다. 이 궁전은 당시의 건축적 이상을 반영한 혁신적인 디자인으로, 르네상스 양식과 그리스, 로마 양식의 정수만을 담은 건축이란 평을 얻었습니다.

궁전의 평면은 높이 17m, 폭 63m 정사각형으로 만들어져 있습니다. 그래서 "네모난 건축이구나." 하고 생각하고 들어간 순간, 내부 원형 안뜰을 보며 놀라게 됩니다. 1층에 그리스, 로마 건축에서 만날 수 있는 도리아식 기둥이 보입니다. 2층에는 이오니아식 기둥을 통해 고대 건축의 발상지 같은 착각을 불러일으킵니다. 완벽한 대칭 비례를 통해 단정하면서도 웅장한 매력을 제대로 경험하게 되죠. 알함브라와는 다른 건축양식의 매력을 느끼게 합니다.

카를 5세 궁 내부(카를 5세 궁전)

하지만 카를 5세가 그라나다 정복을 기념하기 위해, 나스리 궁 위에 카를 5세 궁전을 만든 것이 문제가 되고 있습니다. 나스리 궁보다 더 무거운 석재들을 카를로스 5세 궁전에 건축하면서, 나스리 궁은 조금씩 균열이 일어나고 있는 상황이죠.

관광객을 제한함으로써 보존하고 있지만, "근본적인 문제 해결을 위해서는 카를 5세 궁을 제거해야 하지 않냐?"고 로컬 가이드에게 물었습니다. 로컬 가이드는 두 건축 모두 선조들의 역사가 담겨 있는 건축이라 허물 수 없다고 말해주었습니다. 그래서 알함브라 궁전에서 가장 이질적인 카를로스 5세 궁전이 어떻게 될지 지켜봐야 할 것 같습니다.

현재 카를 5세 궁전은 그리스에 있는 원형 공연장과 같이 울림이 좋아서, 오페라 공연이나 오케스트라 공연 공간으로 사용되고 있습니다. 그래서, 이제는 그라나다 시민들에게 사랑받는 명소가 되고 있지요. 알함브라 궁전은 이처럼 이슬람과 가톨릭이 공존하는 장소입니다. 그래서 다른 유럽 국가에서 만날 수 없는 개성 있고 매력적인 건축과 장식을 볼 수 있죠. 특히, 카를 5세 궁과 알함브라 궁전을 비교하면서 보면 더욱 흥미롭게 건축이 보입니다.

비슷한 시기에 살았던 사람들의 다른 생각을 건축을 통해 엿볼 수 있는 재미있는 장소입니다. 스페인을 여행 중이시라면 그라나다를 방문해 보시기 바랍니다. 그곳에서 고정관념이 깨지고 새로운 아이디어를 얻으셨으면 좋겠습니다.

영화 스타워즈 촬영장소

: 세비야 스페인 광장

세상에서 가장 아름다운 광장은, 스페인 세비야에 있습니다. 이곳은 김 태희 씨가 플라멩코 춤을 추었던 장소로 스페인 광장으로 불리죠. 1929년 이베로 아메리카 박람회 개막식을 열기 위해 건축이 된 장소입니다. 한마 디로 스페인의 역사를 한 번에 보여줄 수 있는 건축과 장식을 만들려 한 장 소입니다.

이 웅장한 프로젝트를 담당한 건축가는 세비야의 가우디로 불렸던, 곤살 레스였습니다. 안달루시아 전체 지방의 총책임 건축가로서 활약한 그는 기 존에 존재하지 않았던 반원형으로 된 광장 설계를 시도합니다. 그의 혁신 적인 광장 설계는 마리아 루이사 공원에서 이루어집니다. 세비야에서 가장 크고 유명했던 공원이, 스페인 덕분에 더 많은 사람이 찾아오는 명소가 된 셈이죠.

1914년 8월에 시작한 공사는 1929년 상반기가 되어서야 끝마칠 수 있었 습니다. 그만큼 거대한 프로젝트였으며, 스페인을 상징하는 다양한 이야기 를 건축에 새긴 위대한 작품이었습니다. 공사가 지속적으로 지연되었던 것 은 프로젝트의 규모가 크기 때문도 있지만, 재정의 문제가 더 컸습니다. 초 기에 측정된 예산보다 실제 건축 비용은 3배가 발생했습니다. 이런 재정 부족 때문에 공사는 중간에 중단될 수밖에 없었고 15년이라는 시간이 소요

되었던 것입니다.

건축을 주도했던, 곤살레스와 그의 조수도 1926년, 계속되는 공사 중단으로 인해 사임을 결정하고 떠났습니다. 다행히 그 이후 후임 건축가들에 의해 마무리가 잘 진행되어 스페인 광장은 완공될 수 있었습니다. 지금까지 스페인 광장이 만들어진 배경에 대한 이야기를 드렸는데요, 이제부터는 스페인 광장에서 놓치면 안 되는 3가지를 소개하겠습니다.

첫째, 세라믹으로 덮인 48개의 벤치입니다.

그라나다타 타일 장식(세비야 스페인 광장)

스페인 도시 중 세비야를 제외한 48개의 도시에서 벌어졌던 중요한 사건들을 기록하고 있습니다. 그래서 이 벤치만 살펴보아도 스페인 역사의 대부분을 알 수 있도록 표현하였습니다. 한마디로 '눈으로 읽는 스페인 역사'라고 말할 수 있죠. 그래서, 스페인 광장에 가시면 세라믹으로 덮인 벤치들을 유심히 살펴보셔야 합니다.

48개의 벤치 중 가장 핵심적인 사건을 다루고 있는 3가지 도시만 간략히 소개합니다.

첫 번째 도시, 그라나다.

1492년 가톨릭 국왕들에 공격을 받은 이슬람의 마지막 왕 보압딜은 항복합니다. 그리고 알함브라 궁전의 열쇠를 그들에게 맡기고 모로코로 떠나게 되죠. 그 모습을 타일 장식으로 꾸며두었습니다. 이 사건을 통해서 800년 동안 스페인에 왕국을 건축하고 위용을 떨쳤던 이슬람 세력은 스페인 땅에서 영향력을 잃게 됩니다. 반면에 가톨릭 국왕들의 800년에 소원이 이루어진 곳이 그라나다였습니다.

이슬람의 마지막 왕 보압딜은 그라나다를 떠나면서 이렇게 말했다고 합니다.

"영토를 빼앗기는 것보다 알함브라 궁전을 다시는 보지 못하는 것이 슬프구나."

얼마나 알함브라 궁전이 아름다웠기에, 그는 영토를 잃은 것보다 궁전을 떠나는 게 슬프다며 눈물을 지었을까요? 알함브라 궁전을 방문하여 이슬람건축의 아름다움을 느껴보시길 바랍니다.

두 번째 도시, 바르셀로나.

1493년. 신항로의 개척을 위해 떠난 콜럼버스가 1차 항해를 마치고 바르셀로나로 돌아와 이사벨 여왕에게 보고하는 모습입니다. 원래 귀환하기로 약속이 되었던 곳은 세비야였지만, 많은 유럽에 귀족들이 콜럼버스 항해의 결과를 확인하기 위해 세비야에 사람들을 보낸 상태였습니다.

이 사실을 잘 알고 있던 이사벨 여왕은 기지를 발휘하여, 자기 남편(페르난도 2세)이 다스리고 있는 바르셀로나로 귀항할 것을 콜럼버스에게 명령합니다. 이와 같은 이유로, 바르셀로나에서 콜럼버스와 이사벨 여왕은 만나게 된 것이지요.

이 둘이 만난 곳이 바르셀로나 고딕지구에 있는 왕의 광장입니다. 세월은 흘렀지만 그 시기에 영광을 느낄 만큼 매력적인 장소입니다. 콜럼버스와 이사벨 여왕. 이 두 사람을 통해 스페인이 '해가 지지 않는 제국'으로 성장할 수 있게 되었다고 스페인 사람들은 이야기합니다. 그래서 세비야 스페인 광장에서도 타일 장식을 통해 그 역사의 순간을 표현한 것입니다.

세 번째 도시, 카디스.

스페인은 지금까지도 국왕이 존재합니다. 현재 국왕은 펠리페 6세로 부르봉 왕가의 후손입니다. 과거보다는 영향력이 줄어들었지만, 여전히 스페인에서는 국왕이 갖는 영향력이 큽니다. 그만큼 스페인에서는 전통적으로 국왕이 갖는 힘이 강력했습니다. 하지만, 1812년은 국왕의 영향력이 스페인에서 현저하게 줄어든 것을 알 수 있는 중요한 '해'였습니다.

바로 스페인 최초의 헌법이 카디스에서 제정이 되었기 때문입니다. 사람들은 이 사건을 '카디스 헌법'이라 부릅니다. 언제나 왕에 의해 모든 것이 결정되었던 군주국에서 최초로 성문화된 법을 제정했다는 것을 통해 민주정의 기초를 세운 사건이라 평가받고 있습니다. 그 사건을 타일 장식을 통해 선명하게 후손들과 방문객들에게 밝히고 있습니다.

스페인 광장에 놓치면 안 되는 둘째는, 다리입니다.

다리(세비야스페인광장)

야, 나도 가자! 스페인!

스페인 광장에는 총 4개의 다리가 존재하는데요, 다리마다 다른 문양이 새겨져 있는 것을 볼 수 있습니다. 많은 분이 이곳에서 인생 샷 사진을 찍기 위해 다양한 포즈를 취하며 사진을 찍으시면서 문양은 지나치고 가시죠. 이 글을 읽고 계신 분들은 문양들을 다 살펴보시기를 바랍니다.

4개의 문양은 이슬람 세력이 스페인을 지배하였을 때, 이슬람 세력을 몰아내기 위해 동맹했던 국가들의 깃발을 나타냅니다. 나바라, 카스티야, 레온, 아라곤. 이 4개의 국가가 있었기에 오늘날의 스페인이 만들어졌음을 분명하게 다리를 통해 밝히고 있습니다. 그리고 이러한 역사 때문에, 현재도 자치 지방 중에서 독립을 원하는 소리가 계속되고 있습니다.

대표적인 예로 카탈루냐 지방(바르셀로나)과 바스크 지방(산 세바스티안)이 있죠. 그래서 스페인 자치주의 독립에 대한 열망은 가벼운 이슈가 아니라 역사와 경제가 얽혀 있는 복잡한 부분입니다.

셋째는, 가운데 분수대입니다. 모든 과거의 역사가 모이는 곳이 가운데에 있는 분수대입니다.

분수대 (세비야 스페인 광장)

모든 다리도 가운데 분수대로 모이게끔 설계를 해두었지요. 이런 모습을 통해서 과거의 영광스런 역사, 아팠던 역사, 숨기고 싶은 역사까지 오늘날의 스페인을 만들었음을 인정하고 있습니다. 건축에서도 그것을 뚜렷하게 느낄 수 있습니다. 이슬람 건축양식, 르네상스 건축양식, 현대 건축양식까지 스페인 역사를 관통하는 모든 건축이 스페인 광장에 스며들어 있습니다.

특히나 타일 장식들은 과거 이슬람 왕국의 국왕들이 좋아했던 장식입니다. 스페인에서 아줄레호 양식이라 말하고, 포르투갈에서는 아줄레주 양식이라 말합니다. 이와 같은 타일 장식은 이베리아 반도가 이슬람 세력이 점령했던 땅이었음을 우리에게 알려주는 부분입니다.

이와 같은 것들을 통해, 스페인 광장은 과거에 갇혀 있는 것이 아니라, 미래로 나아가는 스페인의 역사 인식을 보여주고 있다고 말할 수 있습니다. 실제로 가서 보시면 미래의 한복판에 와 있는 것처럼 신비한 매력을 느끼실 수 있습니다. 저와 같은 생각을 스타워즈 감독님도 했던 것 같습니다.

영화 '스타워즈 에피소드 II: 클론의 공격'에서 나부 행성(미래 행성)의 아이디어를 세비야 스페인 광장에서 얻게 되어 촬영하였다고 합니다. 스페인의 과거, 오늘 미래가 공존하는 공간. 세비야 스페인 광장에서 여러분만의 추억을 만들어 보시길 바랍니다.

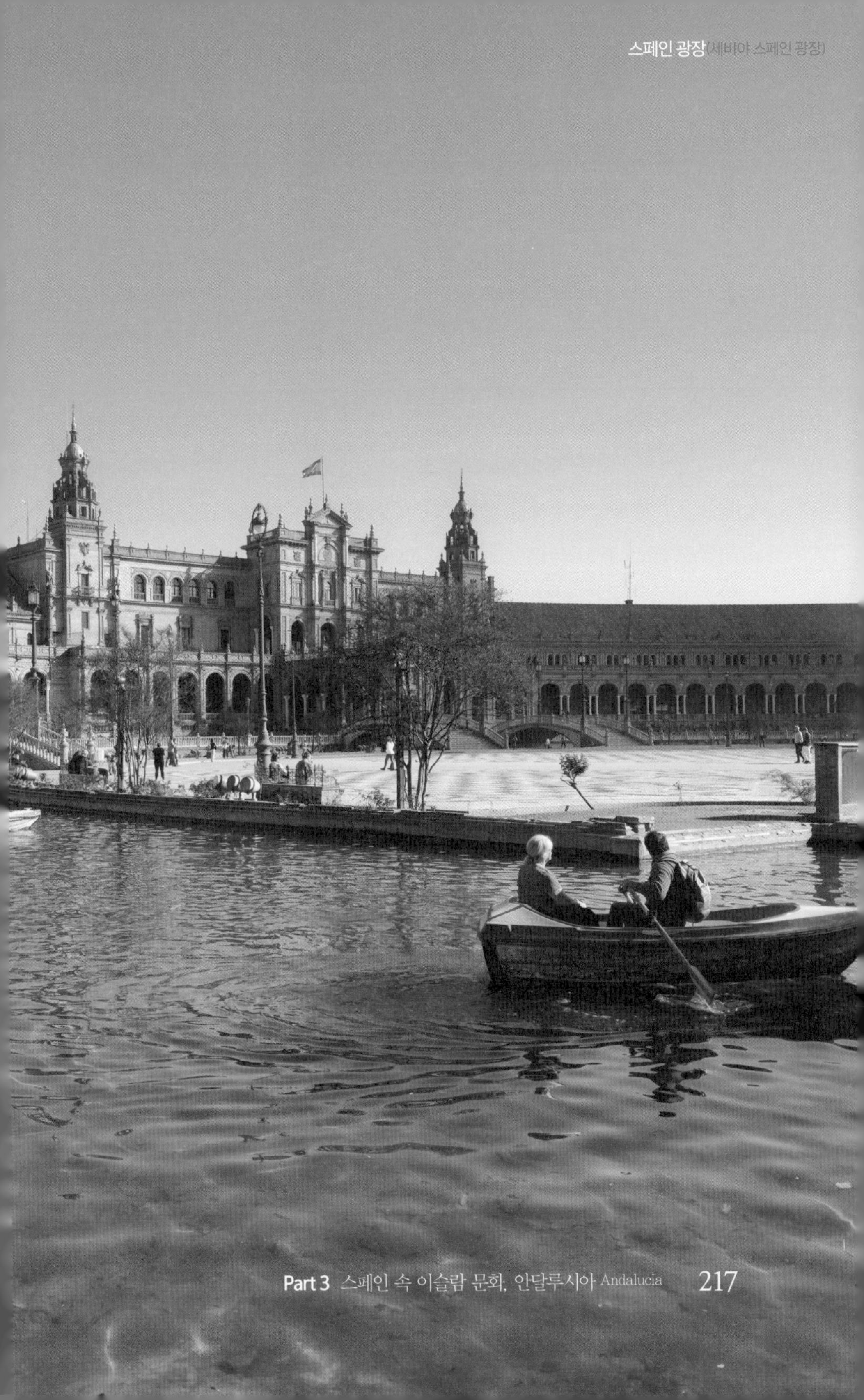

스페인 광장(세비야 스페인 광장)

6

황금 20t을 사용하여 만든 성당

: 세비야 대성당

　스페인은 가톨릭 국가답게 많은 성당이 있습니다. 도시마다 대표하는 성당들을 여행자들이 찾아갈 정도이죠. 이렇게 성당이 많은 스페인에서 가장 규모가 큰 성당은 어디에 있을까요? 스페인에서 가장 큰 성당이 있는 도시는 세비야입니다.

　성당의 이름은, 성모마리아 대성당(Catedral de Santa María de la Sede)입니다. 하지만 일반적으로 사람들은 세비야 대성당이라고 말하죠. 세비야 대성당은 전 세계에서 가장 큰 고딕성당입니다.

　얼마나 규모가 크길래, 고딕성당 중 세계에서 가장 크다고 말할까요? 길이가 126m, 너비 76m로 약 11,520평 규모를 자랑합니다. 가우디가 만든 성가족 성당보다도 훨씬 큰 성당으로, 축구장이 2개나 들어올 수 있을 정도이죠.

　그렇다면 도대체 왜 이렇게 큰 성당이 세비야에 만들어지게 되었을까요?

　1401년 7월, 도시 지도자들이 세비야에 있는 중앙 광장에 모였습니다. 그들은 이야기하였죠.

　"지금 있는 성당도 훌륭하지만, 후세 사람들이 우리가 새로 건축한 성당을 보고 미쳤다고 생각할 만큼 아름답고 웅장한 성당을 지어 봅시다."

13세기부터 세비야는 안달루시아의 가장 중요한 도시로 무역을 통해 엄청난 부를 축적하였습니다. 얼마나 돈이 많았는지, 자신들이 완공한 성당을 후세인들이 보고 미쳤다고 생각할 정도로 만들 계획이었습니다. 성당 건축을 통해 세비야를 세계적인 도시로 만들고 싶어했던 거죠.

1402년에 시작된 대성당 건축은 100년 동안 이어졌습니다. 그 당시 세비야 교구에 성직자들은 스페인에서 가장 뛰어난 건축가와 예술가를 초청하였습니다. 그들에게 지불할 임금이 부족할 경우, 사제들의 봉급을 줄여서라도 장인들에게 먼저 임금을 지불하였습니다. 그러한 진심 어린 헌신과 열정이 세비야 대성당 건축을 100년 동안 지속할 수 있게 하였습니다.

Catedral de Sevilla(출처: wikipedia, 세비야 대성당)

1519년, 전 세계인들이 미쳤다고 말할 만큼 아름답고 웅장한 대성당이 세비야에 만들어졌습니다. 그 당시, 스페인에서도 가장 컸고, 전 세계에서도 가장 큰 성당이 16세기 초 스페인 세비야에 건설이 된 것이죠. 이와 같은 것들이 가능했던 배경 중 하나는, 콜럼버스를 통해 신대륙 무역이 가능해졌기 때문입니다.

어마어마한 물자와 황금이 세비야로 흘러왔고, 세비야 대성당을 위해 사용하였습니다. 세비야에는 황금을 관리하는 탑이 따로 있을 정도였습니다. 그곳을 사람들은 황금의 탑이라고 불렀습니다. 스페인에서 가장 큰 성당이 세비야에 만들어진 것은, 스페인에서 가장 큰 부가 세비야에 모였기 때문입니다. 동시에 그 부를 쫓아 수많은 장인들과 인재들이 세비야를 중심으로 활동하였습니다. 문학, 예술, 건축, 시, 오페라와 같은 것들이 발전하게 되었죠.

스페인 전성기를 보여주는 최고의 도시는 수도인 마드리드도 가우디가 살았던 바르셀로나도 아닌, 세비야입니다. 그래서, 스페인에 가장 영광스런 시절을 보기 위해, 그리고 가장 스페인 스러운 문화와 역사를 보기 위해 방문해야 하는 곳은 세비야라고 생각합니다.

세비야에 찬란한 역사를 그대로 담고 있는 세비야 대성당 내부를 살펴보겠습니다. 온라인으로 세비야 대성당 티켓을 구매하신 분들은 히랄다 탑쪽으로 이동하면 성당 내부로 들어갈 수 있습니다. 성당의 내부로 들어가면, 오렌지 나무들이 있습니다.

여기 있는 오렌지들은 일반적인 오렌지처럼 맛있지는 않지만 관상용으로 심어두었습니다. 이러한 오렌지 나무는 세비야 뿐만 아니라 알함브라 궁전에서도 볼 수 있는 모습입니다. 무어인들은 하늘의 태양과 초록색의 식물과 물을 통해 그들만의 낙원을 건축에 담았습니다. 그래서 유독 이슬람 건축에서 중정이 많이 보이고, 물과 식물들을 함께 배치하였던 거죠.

오렌지 나무가 가득한 정원에서 바라보면, 히랄다 탑이 보입니다. 이 히랄다 탑은 무어인 통치 당시 미나렛이었습니다. 미나렛이란, 빛을 두는곳. 등대라는 의미를 가지고 있는 모스크의 첨탑입니다. 미나렛은 하루 다섯 차례의 예배 시각에 시구를 낭송하는 공간입니다. 그 공간이 카톨릭 국왕의 정복 이후 히랄다 탑으로 변경되었습니다.

이슬람 사원은 사라졌지만, 넓은 폭의 형태가 현재까지 유지되는 이유는 메카에 가까울수록 좋다는 이슬람사원의 영향입니다. 그래서, 세비야 대성당은 가톨릭과 이슬람의 조화 속에 만들어진 무데하르 건축입니다.

여기서 말하는 히랄다는 무슨 의미를 가지고 있을까요? 히랄다의 뜻은 풍향계입니다. 그리스 지혜의 여신 아테나에서 아이디어를 가져와 가톨릭 신앙의 상징으로 1568년 만들어졌습니다. 히랄다 탑의 높이는 104.5m로 400년 이상 세비야에서 가장 높은 건축물이었습니다.

과거에 세비야 사람들은, "세비야에서는 길을 잃어도 히랄다 탑만 찾으면 돼."라고 말할 정도였죠. 진정한 랜드마크가 세비야 대성당이었습니다. 하지만 2015년 세비야 타워(180m)가 만들어졌습니다. 그래서, 세비야에서 가장 높은 건축물의 타이틀을 현대 건축물에 넘겨주어야만 했죠.

이렇게 세비야 대성당은 12세기부터 21세기까지 이어지는 오랜 역사를 자랑하는 건축입니다. 스페인 코르도바에 있는 메스키타 사원 못지않은 거대한 모스크 사원에서 시작했습니다. 현재는 세계에서 가장 큰 고딕 성당으로 개조되었습니다. 그래서 두 문화와 역사가 하나의 건축 속에 공존하는 특별한 장소입니다. 이러한 세비야 대성당에서 놓쳐서는 안 되는 3가지를 소개합니다.

첫 번째는 에스테반 무리요가 그린 그림, 〈성안토니오의 환상〉입니다. 세비야 대성당 내부에는 80개가 넘는 예배당이 있는데요, 그중 가장 많은 분들의 사랑을 받는 예배당이 있습니다. 예배당 자체로 사랑을 받는 것보다 무리요가 그린 그림 때문에 사랑을 받고 있죠. 그 그림이 〈성안토니오의 환상〉입니다. 이 그림은 전 세계에서 성모마리아를 가장 아름답고 우아하게 그렸던 무리요의 작품입니다.

무리요 같은 경우에는 17세기 세비야에서 그림을 가장 잘 그렸던 화가입니다. 그래서, 세비야 대성당에서 그의 다양한 그림을 볼 수 있습니다. 무리요 그림의 특징은 "따뜻함"입니다. 사람을 편하게 하고 사랑스러운 감정을 느끼게 하는 그림들을 주로 그렸습니다. 그렇다면, 〈성안토니오의 환상〉은 어떤 내용의 그림일까요?

성안토니오의 환상(출처: wikipedia 세비야 대성당)

안토니오(1195년~1231년)는 프란치스코 수도회의 사제였는데요, 그는 성경을 읽고 기도하던 중에 환상을 보게 됩니다. 그 환상은 아기 예수님이 천사들을 거느리고 나타난 모습이었죠. 당황한 그에게 한 천사가 말합니다.

"안토니오야 예수님을 영접하라."

그 순간 안토니오는 무릎을 꿇고 두 팔을 벌려 아기 예수님을 영접하게 됩니다. 무리요는 중세 실존 인물인 안토니오(1195년~1231년)가 경험한 환시를 1656년에 그림으로 그렸습니다. 왕은 이 그림을 사랑하여 해외로 반출하는 것을 금지하였습니다. 그렇게 이 그림은 200년 넘게 세비야 대성당에 있었습니다.

그런데, 1874년 11월에 이 그림이 갑작스럽게 사라졌습니다. 정확하게는 안토니오 성인이 그려진 부분만 잘려서 사라진 것이죠. 성당을 보기 위해 찾은 일반시민들 중 도둑이 섞여 있었습니다. 그 도둑은 6m가 넘는 그림을 다 가져갈 수는 없다는 것을 깨닫고, 과감하게 성인이 그려진 부분만 자로 잰 듯 잘라서 가져갔습니다.

이 사실을 뒤늦게 알게 된 성당 관리자는 어떻게든 사라진 부분의 그림을 찾기 위해 전 세계를 수소문합니다. 하지만, 그 어디서도 안토니오 성인이 그려진 부분의 그림을 찾을 수는 없었습니다.

1875년 1월에 한 사람이 뉴욕에 있는 미술관에 찾아와 이렇게 말하였다고 합니다.

"무리요의 진품 그림을 가지고 있습니다. 여기 확인해 보시죠."

갤러리 관장은 너무나 놀랐지만 침착하게 말하였습니다. "이 정도 그림이라면, 200달러는 쳐 드릴 수 있습니다." 협상 끝에 갤러리 관장은 안토니오 성인의 그림을 250달러에 구매하였습니다. 그리고 스페인 영사관에 연락을 하여 진품 그림을 보냈죠.

그림을 받은 스페인 영사관은 그림을 세비야로 배송하였고, 1875년 현재의 모습으로 복원되었습니다. 복원은 되었지만, 여전히 흔적은 남아 있습니다. 성안토니오의 부분을 자세히 보시면 어느 부분이 잘려진 부분인지 눈으로 확인할 수 있는 상황입니다. 하지만, 이 그림은 현재 이 자리로 돌아오고 나서 더 많은 분들의 사랑을 받게 되었습니다.

왜냐하면, 안토니오는 잃어버린 물건을 찾게 해주는 성인이기 때문입니다. 그래서 우스갯소리로 사람들은 그런 말을 합니다. "성안토니오의 환시는 어디로 사라져도 다시 돌아올 것이라고요." 그리고 현재 이 작은 예배당이 가장 인기 있는 이유는, 전 세계의 수많은 사람이 자신의 잃어버린 물건을 찾게 해달라고 기도하기 때문입니다. 특히, 이별한 연인들이 이곳을 많이 찾아온다고 합니다.

둘째, 크리스토퍼 콜럼버스입니다.

1451년 콜럼버스는, 옷감을 만드는 아버지와 치즈 가게를 운영하는 어머니 사이에서 태어났습니다. 그가 태어난 제노바는 무역을 중심으로 성장한 도시였기에 콜럼버스는 어린 시절부터 바다에 대한 관심이 많았죠.

그는 14세에 처음으로 바다로 나가는 경험을 하였습니다. 그때부터 바다를 항해하는 꿈을 꾸게 되죠. 그리고 22세의 콜럼버스는 제노바의 부유한 상인들의 밑에서 견습 생활을 시작합니다. 그가 본격적인 신항로 개척을 향한 꿈을 꾸게 된 곳은 리스본입니다. 콜럼버스는 포루투갈 귀족의 딸인 모니스와 결혼하여 8년간 리스본에서 거주하였습니다.

이 기간동안 그의 장인에게 항해 기술을 배우게 되죠. 그리고 서쪽으로 항해하여 인도를 갈 수 있는 길을 연구하게 됩니다. 그는 정규교육을 받은 학식이 풍부한 사람은 아니었습니다. 하지만 천문학, 지리학, 역사 등에 관련된 다양한 책을 읽으며 자신만의 목표를 가지게 되죠. 그리고 그는 포르투갈의 국왕 주앙 2세를 찾아가 신항로 개척을 위한 후원을 청원합니다.

하지만, 콜럼버스가 계산한 항해 거리가 정확하지 않아서(실제 거리보다 4분의 1 작게 계산함), 왕은 그의 청을 거절하게 됩니다. 1488년 바스코 다가마는 아프리카 남단 희망봉을 발견합니다. 희망봉을 통한 동방무역이 관심을 받게 되면서 콜럼버스는 포르투갈에서의 후원을 기대할 수 없게 되죠. 그래서 그는 가톨릭 통일 왕국을 이룬 이사벨 여왕을 찾아갑니다.

콜럼버스가 찾아간 곳은 그라나다의 알함브라 궁전. 스페인을 가톨릭국가로 통일한 두 국왕을 만나게 됩니다. 신항로 개척이 스페인에 꼭 필요하다는 주장을 하였죠. 하지만 조사위원회는 그가 2,600여 마일만 가면 지팡구(일본)에 도달할 수 있다고 한 주장은 틀렸다고 말합니다. 위원회는 불가능하다는 결정을 내립니다(실제 거리인 12,000마일보다 4분의 1 작게 계산함)

포르투갈, 영국, 프랑스, 스페인 왕들에게까지 후원을 거절당합니다. 그는 모든 희망을 접고 그라나다를 떠나게 되죠. 하지만, 그때 이사벨 여왕이 결단을 내립니다.

그녀는 자신이 가지고 있는 모든 재산을 팔아서라도 콜럼버스를 후원할 것임을 반대하는 신하들 앞에서 공표합니다. 그리고 콜럼버스와 함께 항해를 떠날 선원들도 모집하여 주었죠. 그들은 바로 죄수들이었습니다. 콜럼버스에 배를 타는 조건으로 죄를 사면해 주었습니다.

1492년 스페인 왕실과 콜럼버스는 '산타페 협약'을 맺었습니다. 스페인 왕실은 콜럼버스에게 귀족의 칭호를 주고 앞으로 발견할 지역의 대제독과 식민지 총독이 될 수 있도록 기록하였습니다. 또한 이 협약에는 이러한 직위들은 그의 자손들에게 영구히 상속됨을 기록하였습니다. 마지막으로 그곳에서 산출된 모든 귀금속의 10분의 1은 콜럼버스가 소유한다는 내용을 포함하였습니다.

1492년 8월 3일, 핀타호, 니냐호, 산타 마리아 호로 구성된 세 척의 범선대는 스페인의 팔로스항을 출발하였습니다. 설렘과 기대로 시작한 항해는 콜럼버스가 예상한 육지가 나오지 않기 시작하면서, 불안과 공포로 변하였습니다.

처음에는 불만과 불평을 늘어놓던 선원들이 참지 못하고 폭동을 일으키며 콜럼버스를 죽이려고까지 했죠. 하지만 콜럼버스는 반드시 육지가 나올 것이라고 말하고 자신을 끝까지 믿어달라고 말하였습니다.

마침내, 1492년 10월 12일 육지를 발견하여 상륙하였습니다. 콜럼버스는 죽음의 공포에서 자신을 건진 그 땅을 산살바도르(구세주)라고 짓게 되죠. 그는 그곳에서 발견한 원주민들을 보고 인디오라고 불렀습니다. 왜냐하면, 콜럼버스는 그 사람들이 인도 사람이라고 믿었기 때문이었죠.

그는 감격적인 순간들을 항해일지에 적고, 그곳에서 나오는 물자와 인디오들을 배에 태우고 바르셀로나로 돌아옵니다. 자신을 기다리고 있던 이사벨 여왕에게 자신이 발견한 인도가 어떤 곳이지, 어떻게 도착했는지 상세히 보고하게 되죠. 그때부터 스페인 국왕과 귀족들에게 인정받기 위해 시작한 콜럼버스는 12년 동안 네 차례에 탐험을 통해 스페인 전성기의 기틀을 닦게 됩니다.

하지만, 그가 탐험하면 할수록 원래 가져오기로 한 후추와 황금이 아닌 돈이 되지 않는 품목만 가져온다고 하여 불만이 생겼습니다. 특히 콜럼버스를 미워하고 모함하는 세력이 많았습니다. 1504년 콜럼버스를 지켜주던 이사벨 여왕이 사망하자, 귀족들은 콜럼버스의 귀족작위를 박탈시켰습니다.

그는 자신을 함부로 대한 스페인 사람들을 향해 이를 갈며 유언을 남깁니다.

"내가 죽거든 스페인 땅에 절대 묻지 마라."

그의 유언에 따라 콜럼버스에 유해는 도미니카 공화국 산토도밍고에 묻히게 됩니다. 그 이후 도미니카 공화국이 프랑스에 지배를 받게 되면서, 쿠바 하바나로 옮기게 되죠. 그 이후 스페인−미국 전쟁에서 스페인이 패배하게 되면서, 쿠바가 독립하게 됩니다. 그래서 콜럼버스의 유해는 돌고 돌아 세비야로 돌아오게 됩니다.

콜럼버스 무덤(출처: wikipedia 세비야 대성당)

살아 있었을 때도 파란만장했던 콜럼버스는, 죽어서 까지도 편하지 못했습니다. 지금도 도미니카 공화국에서는 콜럼버스에 유해가 아직 산토도밍고에 있다고 말하죠. 그리고 세비야에서는 자신들이 콜럼버스에 유해를 가지고 있다고 주장합니다. 콜럼버스 논란은 현재도 진행 중인 셈이죠. 스페인 사람들은 콜럼버스의 유언을 존중하여 그를 스페인 땅에 묻지 않고 들고 있는 모습으로 표현하였습니다.

그래서 세비야 대성당에 가시면 콜럼버스의 관을 4명의 기사가 들고 있는 모습을 볼 수 있죠. 그런데 특이한 것은 앞에 있는 2명의 기사는 위풍당당한데, 뒤에 2명의 기사는 고개를 숙이며 부끄러워한다는 점입니다. 그 이유는 이 4명의 기사가 그 당시 존재했던 국가를 상징하기 때문입니다.

정확히는 4개 국가의 국왕들을 상징합니다. 카스티야와 레온은 콜럼버스를 후원했기에 당당하게 그의 관을 들고 있고, 나바라와 아라곤은 후원하지 않았기 때문에 부끄러운 얼굴을 하고 있는 거죠. 여기서 아주 재미있는 속설이 있는데요, 4명의 왕 중 앞에 있는 2명의 왕의 발을 보시겠어요. 사람들이 자주 만져서 반짝반짝 빛나는 모습을 볼 수 있습니다.

오고 가는 사람들이 2명의 왕의 발을 계속해서 만지면서 빛나게 된 거죠. 그러면 왜 이렇게 사람들이 두 왕의 발에 집착하여 만졌을까요? 그 이유는 카스티야 국왕의 발을 만지면 부자가 되기 때문이고, 레온 왕국의 발을 만지면 사랑하는 사람을 만날 수 있기 때문입니다. 여러분은 어느 쪽 발을 만지고 싶으신가요?

스페인 4대 국가의 국왕이 그의 관을 들고 있을 만큼 콜럼버스의 가치와 영향력은 여전히 큽니다. 하지만 그는 죽을 때까지 그곳을 인도 땅이라고 믿었기에 서인도제도라고 하였습니다. 그가 인식한 세계에서는 제대로 아메리카 대륙의 가치를 발견하지 못했습니다.

오히려 그의 사후 이탈리아의 항해자 아메리고 베스푸치에 의해서 아메리카 대륙의 진정한 가치를 발견하게 되었죠. 그래서 그때부터 아메리고의 땅이라고 불리게 되었고, 그 지명이 아메리카입니다. 아메리카 땅의 발견은 인류 역사에서 가장 중요한 사건이라고 수많은 사람이 이야기합니다. 하지만 유럽인의 시각이 아닌, 남미인의 시각으로 보았을 때는 인류역사상 가장 큰 재앙이지 않을까 생각해봅니다.

셋째, 중앙제단입니다.

세비야 대성당에서 가장 화려한 장소를 찾는다면 그 장소는 중앙 제단입니다. 동시에 가장 큰 비용을 들이고 가장 많은 시간을 소요한 것도 중앙제단입니다. 한 마디로 세비야 대성당의 부와 가치가 가장 많이 집약된 장소기에 놓치지 않고 꼭 보고 가셔야 합니다.

중앙제단은 1481년 조각가 단카르트에 의해 시작이 되었는데요, 높이 26m, 폭 18m, 깊이 5m로 가톨릭 최대의 제단화입니다. 그래서 사람들은 이 제단을 보고 "세계에서 가장 큰 목조 복음"이라고 합니다. 왜냐하면 예수그리스도의 탄생과 죽음과 재림의 주제를 45가지의 소 이야기들로 조각하여 만들었기 때문입니다.

한마디로 목조로 만든 성경이라 할 수 있죠. 밤나무로 만든 200개 이상의 이미지는 문맹률이 높았던 과거 시대에는 성경을 이해할 수 있는 중요한 역할을 하였습니다. 그래서 심혈을 기울여 전 세계인이 미쳤다고 말할 만큼의 거대하고 아름다운 목조 제단화를 만든 것이죠.

세비야 대성당 황금 제단(출처: wikimedea commons, 세비야 대성당)

특히나, 콜럼버스의 신항로 개척 이후에 들어왔던 수많은 황금이 제단화에 사용되었습니다. 지금 눈으로 보고 있는 반짝반짝 빛나는 것들은 모두 황금입니다. 그렇다면 이렇게 거대한 제단화를 황금으로 빛나게 하려면 얼마만큼의 황금이 필요했을까요?

콜럼버스가 신항로를 개척한 이후에 세비야로 들어왔던 황금중 20t이 중앙제단에 사용되었습니다. 현재 금 가치로 약 2조원이 넘는 비용이 순수황금 비용이었던 셈이죠. 가이드 시절 만났던 유럽의 그 어떠한 성당도 세비야 대성당의 중앙제단만큼 화려한 곳은 없었습니다.

그들이 이 성당을 처음 계획했을 때, "완공되고 후대 사람들이 이 성당을 계획한 사람을 미쳤다고 생각할 만큼 화려하게 만들자"고 했던 말이 제단을 보며 생각났습니다. 눈으로 보고도 믿을 수 없을 만큼 거대하고 눈이 부시게 아름다웠습니다.

그런데 왜 세비야 사람들은 그렇게까지 많은 양의 황금을 중앙제단에 쏟아부었을까요? 그것은 빛 때문입니다. 황금에서 나오는 빛은 자연에서 얻은 순수한 빛으로서 목조로 쓴 성경을 더욱 빛나게 합니다.

그리고 본질적으로 빛은 신을 상징하는 의미가 있습니다. 빛이 성당 내부를 가득 채울 수 있기를 바랐던 성당의 관리자들은 황금을 아낌없이 목조제단에 부어 넣었던 거죠. 목조로 만든 성경에 이야기를 황금을 통해 빛나게 만들어서, 그 제단을 본 신자들이 신을 느끼게 만들었습니다.

그러한 열정으로 만든 작품이기에 이 작품이 만들어지는 데 무려 80년이 넘는 세월이 걸렸습니다. 80년 동안 변함없이 정성을 다한 스페인 장인들의 솜씨를 보면서 변하지 않는 가치가 무엇인지 깨닫게 됩니다. 빠르게 만드는 것이 중요한 것이 아니라, 느리더라도 정성껏 만드는 것이 중요한 것임을 배웁니다. 빠르게 모든 것이 변화하는 시대를 살면서 놓쳐서는 안 되는 가치가 무엇인지 생각하게 됩니다. 세비야 대성당에서 가장 귀한 작품을 놓치지 않고 꼭 보시기 바랍니다.

시간의 여유가 있으신 분들은 히랄다 탑도 올라가 보시기 바랍니다. 세비야 대성당은 세비야 역사 그 자체인 공간입니다. 세비야에서 다른 곳은 다 못 보더라도 세비야 대성당만큼은 꼭 봐야 하는 곳이죠. 왜냐하면, 1,000년 동안의 다양한 문화와 생각이 건축을 통해 공존하기 때문입니다. 그곳에 놓여 있는 건축과 장식과 예술은 세비야가 걸어왔던 모든 것을 이야기하고 있습니다. 제가 말로 다 표현 못 하는 감동을 직접 세비야 대성당을 보시며 느껴 보시기를 바랍니다.

플라멩고(Flamenco)는 스페인, 특히 안달루시아 지역에서 유래한 음악과 춤 장르입니다. 역사적으로 집시 문화, 무어인(아랍), 유대인 전통 등 여러 문화적 영향을 받은 예술이죠. 플라멩고는 3가지의 구성요소가 있습니다. 노래를 부르는 깐테(cante), 춤을 추는 바일레(Baile), 기타를 연주하는 토께(Toque). 이 3가지 요소가 함께 어우러져 멋진 예술성을 보여 줍니다.

그러나, 플라멩고가 처음부터 스페인에서 인정받은 예술은 아닙니다. 오히려 집시들만의 음악으로 시작했습니다. 집이 없었던 집시들이 동굴을 파서 임시 거처를 만들었고, 그곳에서 노래와 춤을 추었던 문화에서 플라멩고는 시작되었습니다.

대표적인 도시가 그라나다입니다. 알함브라 궁전의 반대편에 집시들이 살고 있는 집시 촌이 있습니다. 그곳을 사크로몬테(Sacromonte)라고 부르죠. '신성한 장소'라고 불리는 그곳은 알바이신 지구와는 달리 개발이 되지 않은 척박한 땅이었습니다. 그곳에 집시들이 하나둘 모여 동굴을 파서 살기 시작하면서, 플라멩고가 발전하였습니다. 현재 사크로몬테는 전 세계인들이 찾아오는 플라멩고 공연장으로 변하였습니다.

그라나다는 집시들이 살았던 동굴이 플라멩고 공연장으로 만들어진 형태입니다. 이와는 달리 세비야는 공연장을 중심으로 플라멩고가 발전했습니다. 그래서, 음료나 음식을 즐기면서 공연을 볼 수 있는 큰 공연장이 세비야에 많습니다.

세비야의 플라멩고는 거리가 공연장이 되기도 합니다. 특히, 스페인 광장 길가에서 악기를 연주하며 춤을 추는 예술가들은 참 매력적입니다. 마치 영화 속 한 장면 같은 멋진 건축에서 마주하는 플라멩고 공연은 공연장보다 이색적입니다.

플라멩고는 단순한 예술이라기 보다는, 스페인에서 살아남아야만 했던, 집시들의 삶에 희로애락이 묻어 있는 문화입니다. 플라멩고 공연장에서 스페인의 문화를 만나 보시길 추천합니다.

그라나다

이름 CUEVA LA ROCIO(꾸에바 라 로시오, 그라나다에서 가장 유명한 플라멩고 공연장)

위치 Cam. Del Sacromonte, 70, Albaicin, 18010 Granada, Spain

예약 Cuevalarocio.es

팁 미셸오바마가 방문한 공연장. 집시들이 살았던 동굴에서 경험하는 플라멩고. 바로 코 앞에서 치맛자락이 스칠정도로 가까운 생동감.

세비야

이름 Teatro Flamenco Sevilla Espectaculo Flamenco en Sevilla(테아트로 플라멩코 세비야 에스펙타 쿨로 플라멩코 엔 세비야, 세비야 최고의 플라멩고 공연장)

위치 C. Cuna, 15, Casco Antiguo, 41004 Sevilla, Spain

예약 Teatroflamencossevilla.com

팁 극장식 플라멩고 공연장. 관람 30분 전 방문(선착순 착석). 프리미엄석 추천(플라멩고 공연을 앞쪽 좌석에서 볼 수 있음)

그라나다	주간	알카이세리아(재래시장)→그라나다 대성당→알함브라 궁전
	야간	산니콜라스 전망대
명소		1. 그라나다는 1박 이상 하길 추천(낮과 밤의 느낌이 전혀 다름) 2. 돌길이 많아 편한 운동화 추천. 3. 음료만 시켜도 타파스를 주는 도시.
맛집		1. La Telefonica(라 텔레포니카, 이베리코 립 맛집, 친절한 서비스) 2. Alhambra Churreria(알함브라 츄레리아, 포라스 맛집(츄러스와 비슷한 디저트) 3. Los manueles Reyes Catolicos(로스 마누엘레스 레예스, 음료 시키면 타파스가 나오는 곳) 4. Kona Specialty Coffee(코나 스페셜티 커피, 카페라떼 맛집)

세비야	주간	스페인 광장→세비야 대성당→유대인 지구(기념품 샵 구경)
	야간	메트로폴파라솔→과달기비르강 산책→황금의 탑
명소		1. 세비야는 2박 이상 하길 추천(낮보다 밤이 더 예쁜 도시) 2. 중세시대의 귀족이 되어 보고 싶은 분들은 마차투어 추천.
맛집		1. El librero Tapas Y Quesos(엘 리브로 타파스 이 께소스, 먹물 빠에야 맛집. 아늑한 분위기) 2. Maestro Marcelino(마에스트로 마르셀리노, 스페인 최고의 하몬집) 3. Gelateria MITO(젤라테리아 미토, 젤라토 아이스크림 맛집. 피스타치오 추천) 4. San Marco Santa Cruz(산 마르코 산타 크루즈, 피자 파스타 맛집, 음악과 분위기 좋음) 5. Vuela Tpas & Cocktail(브엘라 타파스 앤 콕테일, 타파스 맛집. 아늑한 분위기) 6. Brunchit-Reyes Catolicos(브런칫-레예스 카톨릭코스, 브런치 맛집, 친절하고 밝은 분위기)

Part 4

소중한 사람에게
보여주고 싶은 장소,
스페인 소도시

1

지중해의 태양과 바다가 쉬어 가는 도시

: 시체스

    스페인 바르셀로나에서 살면서, 훌쩍 여행을 떠나고 싶은 날에 방문한 도시가 있습니다. 그곳은 지중해 바다를 제대로 볼 수 있는 시체스입니다. 바르셀로나에서 40km 떨어진 곳에 2만 명의 사람이 살고 있는 장소이죠.

    저는, 휴무날이면 아무 생각 없이 카메라를 가지고 시체스를 향했습니다. 그 순간이 가이드가 아니라 여행자가 되는 순간이었습니다. 가슴을 뛰게 하는 설레임이 발걸음을 가볍게 만들었죠. 시체스를 가기 위해 버스를 기다리는 순간은 여행지에 도착한 순간보다 저를 더욱 설레게 만들었습니다.

    오늘은 어디를 가서, 무엇을 보고, 무엇을 먹을까. 생각을 하는 그 순간이 가장 저를 흥분되게 만들었죠. 추적추적 비가 내리는 날은 더욱 가슴이 뛰었습니다. 30분 간격으로 오는 e-16버스를 Gran via 588A에서 애타게 기다렸던 날이 떠오릅니다. 기다리다, 눈에 보이는 바에서 꼬르따도 한잔을 주문하여 마시곤 했죠.

    커피와 우유를 1:1에 비율로 만든 꼬르따도를 스페인 사람들은 참 좋아합니다. 그들이 즐겨 마시는 커피를 바르셀로나에 살게 되면서, 저도 좋아하게 되었습니다. 다른 문화권에 산다는 것은, 자연스럽게 현지인들의 생활 방식과 패턴을 배워가는 것이라 생각합니다.

    저는 기다리는 동안이 지루하지 않았습니다. 그 이유는 현지인들과 대화를 할 수 있었기 때문입니다. 처음에는 현지인들과 대화를 하는 것이 어색했지만, 한번 말을 트고 나면 생각보다 물 흘러가듯 자연스럽게 대화를 할 수 있게 되었습니다. 그것이 스페인에서 사는 동안 현지인들을 더 잘 이해하게 도와주었습니다.

내리는 비가 세차질 때쯤, 버스에 올라 현금으로 돈을 지불하고 왼쪽 창가자리에 앉곤 하였죠. 비 내리는 바르셀로나 도시에 모습이 시체스 바다로 이어질 때까지 음악을 들었습니다. 스페인가수 집시 킹스에 볼라레를 들으며 여행의 설렘은 폭발합니다.

45분이 지나 도착한 시체스는 비가 그치고 맑게 개인 하늘을 보여주곤 했습니다. 도착하자마자 기차역 옆에 자리한 인포메이션을 향합니다. 시체스에서 진행 중인 특별한 행사를 찾기 위해서죠. 2월에는 카니발, 10월에는 영화제가 있다는 사실을 직원이 건네준 팜플렛을 통해 알게 되었죠. 직원분이 영어를 어찌나 잘하는지 깜짝 놀랐습니다.

시체스를 찾아오는 여행객들이 많다는 것을 느낄 수 있었죠. 팜플릿 속 지도를 보며 따라가다 보면, 좁은 골목들이 나옵니다. 바르셀로나보다도 더 아기자기한 골목들 사이를 걷다 보면 하얀 집들을 볼 수 있습니다.

하얀 집들 중에서 파란 대문으로 되어 있는 집에서 멈추어 한참 동안 카메라로 사진을 촬영합니다. 좁은 골목길에서 마주한 하얀색 톤에 파란색 대문은 그리스에 있는 산토리니를 떠올리게 만듭니다. 핸드폰으로 찍어 그때의 흥분된 감정도 서툴게 남겨봅니다.

하얀 벽과 파란 대문

다시 지도를 보고 더 아래로 내려가다 보면, 골목의 끝자락에 빛이 비추는 곳이 보입니다. 콩닥콩닥 뛰는 가슴을 매만지며, 천천히 향하여 걸어갑니다. 끝에 다다른 순간 엄청난 햇살이 눈을 비추고 이내 눈을 감게 됩니다. 몇 번이나 눈을 깜빡깜빡 하며 전진하여 걸어가면, 지중해 바다에 부서지는 햇살의 모습이 선명하게 눈에 들어옵니다.

'그래, 이걸 보려고 여기 왔지.'

어느덧 마음 한 켠에 뜨거운 감정이 촉촉하게 올라옵니다. 가이드로 살면서 지치고 힘들어 주저앉고 싶은 순간이 있었습니다. 그냥 모두 다 포기하고 한국으로 가고 싶은 날도 있었죠. 그럴 때, 한국으로 가지 않고 시체스를 갔던 것은 참 잘한 일인 것 같습니다. 그곳에서 여전히 제가 살아 있다는 사실과, 스페인에서 보내는 날들이 가슴 뛰고 설레는 일이라는 것을 발견했기 때문이죠.

'감정이 태도가 되지 않기 위해, 여행이 필요합니다.'

그때 처음으로 제 자신과 제대로 마주했던 것 같습니다. 내 감정이 태도로 이어지지 않기 위해 필요한 것은 여행이라는 사실을. 인간은 휴식이 없는 곳에서 버틸 수 없는 연약한 존재라는 것을 시체스 바다를 보며 깨달았습니다.

눈이 부시도록 비추는 햇살이 바다와 사랑에 빠져 있는 모습을 시체스에서 만났습니다. 그리고 그들의 사랑이 저에게 스며들 때, 마음 한편에 쌓였던 체증이 풀리곤 했습니다. 그래서 스페인에서 살면서, 그렇게 많이 시체스를 찾았던 것 같습니다.

주저 않고, 쓰러진 나를 다시 일으켜 세우기 위해서 말이죠. 하지만, 그 따뜻한 감정도 5분을 채 넘기지 못합니다. 아침도 먹지 않고 서둘러 나오는 바람에 배에서 지진이 나기 때문이었죠. 지도를 보고 걸어오는 길에 보였던 타파스바가 잊혀지지 않습니다. 왜냐하면, 사람들이 줄을 서 있었기 때문이었죠.

저는 스페인에 살면서, 현지인들이 자주가는 타파스 가게를 좋아했습니다. 화려하지 않았지만 현지인들이 소박하게 살아가는 모습을 보는 것이 즐거웠기 때문입니다. 그래도 가이드라고 그냥 들어가지는 않았습니다. 구글맵을 검색해서 평점이 몇 점인지 확인하는 것은 루틴이었습니다.

평점이 4점을 넘는 가게라면 고민 없이 들어가 식사를 했습니다. 그렇게 테이블바에 앉아 3개 정도의 타파스를 주문하고 음료와 함께 마시곤 했습니다. 동료 가이드들과 함께 온 경우에는 10가지 종류가 넘는 타파스를 먹으며, 손님들에게 추천한 것들을 선별하기도 하였죠. 그것이 여행의 또 다른 즐거움이었습니다. 먹는 만큼 그 지역을 이해할 수 있는 재미를 말이죠. 타파스야말로 정말 스페인스러운 음식이라 생각합니다. 왜냐하면, 다양한 매력을 느낄 수 있기 때문입니다.

타파스를 먹으며 바텐더와 대화를 하다 보면, 1시간도 훌쩍 지나가곤 했습니다. 한국에 대한 이야기부터 스페인 국왕에 대한 이야기까지 이런저런 다양한 주제로 대화를 하다 보면, 문법은 엉망진창이더라도 스페인어를 잘하는 느낌이 들곤 했습니다. 그리고 더 이상 할말이 없다고 느껴질 때쯤 자연스럽게 "Gracias adios(그라시아스 아디오스)"를 외치며 문 밖을 나섰죠.

식사를 마치고 난 후부터가 어쩌면 진짜 여행의 시작인지도 모르겠습니다. 아무 생각 없이 바닷가를 걸으며, 마시는 카페라테의 한잔은 자유로움 그 자체였기 때문이죠. 늘 계획하고 준비된 여행만 하던 가이드가 아닌, 생각 없는 여행을 하는 저의 모습이 새롭고 좋았습니다. 그렇게 멍타임을 하기 정말 좋은 곳이 시체스입니다.

특히 최고의 뷰맛집은 Palau de maricel(팔라우 데 마르셀, 마르셀 궁전)입니다. 아줄레호 타일 장식과 자연주의 조각들이 눈부시게 빛나는 곳이죠. 그리고 그 무엇보다 2층에 중정구조에서 만나는 지중해 바다의 모습은 지금도 잊혀지지 않습니다.

마치, 알함브라 궁전에서 바다를 보는 것만 같았습니다.

마르셀 궁전 전망대(시체스)

　일요일 오전 10시부터 오후 14시까지만 유료로 개방되는 장소입니다. 시체스 여행 중에 찾는 최고의 명소였습니다. 궁전 같은 장소에서 바라본 지중해 바다의 모습은 평생 잊지 못할 명장면이었습니다. 시체스를 여행하시는 분들은 놓치지 않으셨으면 좋겠습니다.

　시체스의 매력은 여기서 끝나지 않습니다. 왜냐하면, 다양한 축제가 있기 때문입니다. 2월에 방문한 시체스는 겨울인데도 불구하고 한국에 가을처럼 따뜻합니다. 그래서 겨울에 시체스를 가는것을 저는 더 좋아했습니다. 그곳에서 카니발 축제를 즐기는 현지인들을 만나는 것은 또 하나의 즐거움이었죠.

　다양한 분장을 하고 거리를 활보하는 그들에게 올라라고 인사하면, 신난 얼굴로 대화를 이어가는 친구들이 많았습니다. 그것이 카니발축제 시기에 시체스를 찾는 이유였습니다. 그들의 문화와 축제를 함께 경험하면서, 스페인을 더 깊이 이해할 수 있었기 때문입니다. 그러한 축제가 10월에도 시체스에서 열렸는데요, 바로 '시체스 영화제'입니다.

시체스 영화제는 1967년부터 지금까지 57년째, 이어지는 국제적인 영화제입니다. 한국의 영화들도 초청을 받을 정도로 인기가 있는 영화제이죠. 바르셀로나에 살면서 시체스 영화제에 티켓을 구매하여 한국영화를 보곤 했습니다.

저 아닌 대부분의 사람들이 현지인들이라는 사실이 이색적이었습니다. 그리고 저와는 다른 포인트에서 웃고 있는 모습이 신기했었죠. 시체스 영화제에서 함께 한국영화를 보며 현지인들의 생각과 감정을 조금이나마 더 이해할 수 있었습니다.

10월에 스페인에 가시는 분들은 '시체스 영화제'에 참석해 보시길 바랍니다. 시체스의 매력의 끝은 노을입니다. 제가 가장 좋아하는 시간은 해가 저무는 시간이었죠. 해 저무는 시간에 테라스에 앉아 바다를 바라볼 때, 시체스는 가장 아름답습니다. 그리고 그 모습을 보고 나서야 시체스를 떠날 수 있었습니다.

저는 그렇게 시체스를 통해 3번의 여행의 순간을 마음에 담았습니다. 여행을 떠나기 전, 여행 중, 여행을 마친 후. 스페인을 여행하신다면, 시체스를 방문해 보시기 바랍니다. 여행 속 또 다른 여행을 경험할 수 있는 작은 소도시에 매력을 느끼시리라 확신합니다.

타파스 맛집

이름 El cable(엘 카블레)

위치 Carrer Barcelona, 1, 00870 Sitges, Barcelona, Spain

추천메뉴 Pirueta pop(삐루에타뽑, 문어다리튀김), Truita Pintxo(트루이타 핀초, 스페니쉬 오믈렛),
Chipirones(치피로네스, 꼴뚜기 튀김), Pepito(페피토, 미니 소고기 샌드위치)

팁 시체스 현지인 타파스 맛집. 식사시간 30분 전 방문 추천(웨이팅 있음). 친절하고 밝은
분위기

뷰 맛집

이름 Palau de Maricel

위치 Carrer de Fonollar, s/n, 08870 Sitges, Barcelona, Spain

추천 가이드 투어 추천.

팁 일요일 10:00~14:00만 입장 가능. 시체스에서 가장 아름다운 장소.

해산물 맛집

이름 Fragata(프라가타)

위치 Passeig de la Ribera, 1, 08870 Sitges, Barcelona, Spain

추천메뉴 Pulpo a la Gallega Con patata(뿔뿌아라가예가 꼰빠타타, 갈리시아 문어요리), Paella
Marisco(빠에야마리스코, 해산물 빠에야) Secreto Iberico(세크레토이베리코, 흑돼지 스테이크)

팁 미슐랭 추천 식당. 바다를 보며 식사를 할 수 있는 뷰 맛집. 빠에야 주문시 "뽀까살
뽀르 퐈보르(Poca sal por favor, 소금 적게)"

시체스	주간	마르셀 궁전(Palau de Maricel, 팔라우 데 마르셀)→시체스 해변(San Sebastian beach)
	야간	이글레시아 데 산 바르토메우(Esglesia de Sant Bartomeu I Santa Tecla)
명소		1. Palau de maricel은 시체스에서 가장 아름다운 명소(일요일 10:00~14:00만 입장 가능) 2. The only fish in the sea(하얀집과 파란 대문이 아름다운 명소, 길 자체가 예술) 3. 테라스에 앉아 커피 한잔하며 바라보는 바다는 영화 속 한 장면. 4. 노을이 지는 시간이 가장 매력적인 도시 시체스(Sitges Beach)
맛집		1. El cable(엘 카블레, 타파스 맛집) 2. Fragata(프라가타, 해산물 맛집) 3. La butaca Cafeteria(라 부타카 카페테리아, 천연 오렌지 주스 맛집, 카푸치노 맛집) 4. Costa Dorada(코스타 도라다, 해산물 빠에야, 문어 맛집)

2
스페인에서 문화유산이 가장 잘 보존된 도시
: 천년 수도 톨레도

마드리드에서 가이드를 하면서 여행자들에게 자주 들었던 말이 있습니다.
"가이드님, 생각보다 마드리드가 볼 게 없네요?"

왜 수많은 여행자들이 저에게 이러한 질문을 했을까요? 왜냐하면, 진짜 스페인의 수도를 보지 못했기 때문입니다. 마드리드는 너무 세련되고 깔끔한 느낌이어서 예스러운 멋이 부족해 보입니다. 그 이유는 수도로 지정된 지 500년밖에 되지 않았기 때문입니다.

진짜 스페인의 수도를 보기 위해서는 톨레도를 방문해야 합니다. 왜냐하면, 천년 동안 스페인의 수도로 사랑받으며 많은 정복자들의 흔적이 남겨져 있기 때문입니다. 톨레도에 도착하자 바로 이런 생각이 드실 겁니다. "그래 바로 이게 스페인이지." 제가 그러하였기 때문입니다. 심심하다고 느꼈던 마드리드에 대한 첫인상의 아쉬움을 톨레도에서 풀 수 있었습니다. 그래서, 마드리드에서의 삶에 단조로움을 느끼고 여행을 훌쩍 떠나고 싶을 때, 톨레도를 향했습니다.

톨레도를 가기 위해, 지하철을 타고 Plaza Eliptica(플라자 엘립티카) 역을 향합니다. 역에 도착해서 Terminal autobus(테르미날 아우토부스) 방향으로 이동을 하죠. 곧이어 톨레도행 Alsa(알사)버스 탑승 위치 표지판을 만나죠. 반가운

하늘색 표지판이 눈에 확 들어올 때, 여행에 대한 설렘이 폭발합니다.

에스컬레이터를 타고 위로 올라가면 버스 탑승장이 나오죠. 그 옆에 하늘색 알사 키오스코로 다가가 왕복 티켓을 구매합니다. 톨레도로 가는 시간만 지정하면 되고, 마드리드로 돌아오는 티켓은 시간 지정을 하지 않으셔도 됩니다. 오픈티켓이기 때문이죠. 30분마다 톨레도행 버스가 있기 때문에, 미리 예매를 하지 않으셔도 됩니다. 만일 일정이 바쁘시다면, 알사버스 홈페이지(http://www.alsa.es/)에서 미리 예매하시기 바랍니다.

저는 다음 버스까지 여유가 있을 때, 카페테리아에 앉아 크로와상과 카페꼰레체(카페라테)를 마셨습니다. 2유로대에 저렴한 가격에 든든하게 아침을 먹을 수 있다는 것은 스페인 삶의 소소한 행복이었죠. 그곳에서 마주하는 스페인 사람들과 대화를 나누면서, 평범한 일상에 다가온 여행의 순간을 즐기곤 했습니다.

가볍게 식사를 마치고 톨레도행 버스정류장인 6,7번 라인으로 향하면 줄을 서 있는 현지인들에 모습이 보이죠. 평일보다 주말에 더 북적이는 터미널 상황이 익숙한 저로서는 그들 뒤편에서 한마디를 했죠? "톨레도 부스?" 톨레도 버스행이냐고 묻는 저의 질문에 웃으면서 맞다고 답하는 현지인에 답변이 돌아오곤 했죠.

제가 가는 곳이 정확히 맞는지 한 번 더 확인하는 습관은 실수를 줄이는 데 큰 도움이 되었습니다. 줄을 서있을 때, 이 많은 사람이 함께 타고 갈 수 있을까 생각하지만 결국 우리는 하나가 되어 안전하게 탑승하게 됩니다. 콜롬비아 출신의 가수 샤키라의 〈라라라〉를 선곡하고 눈을 감습니다. 다양한 라틴음악들을 들으며 멀어져가는 마드리드와 가까워지는 톨레도를 느끼는 것은 여행만큼이나 즐거운 일이었죠. 1시간의 시간이 지나고 톨레도 버스정류장에 도착합니다.

톨레도 버스정류장에 도착하고 구시가지를 어느 방향으로 가야 할까 고민할 필요가 없습니다. 대부분의 사람이 톨레도 구시가지를 향해 갈 것이기 때문입니다. 그래서 한 점처럼 같은 방향으로 이동하는 사람들을 보게 될 것입니다.

구시가지로 향하는 가장 빠르고 안전한 에스컬레이터가 우리를 기다리고 있습니다. 만일, 사람들이 별로 없다면 구글에 '톨레도 에스컬레이터'라고 검색하시고 이동을 하시면 됩니다. 에스컬레이터를 타고 올라가면서 마주하는 톨레도의 경관은 한 폭의 그림과 같습니다.

타호강을 둘러싸고 조성되어 있는 건축과 자연의 조화는 눈으로 보는 것이 가장 아름답습니다. 왜냐하면, 사진은 우리의 눈이 보는 것을 담을 수 없기 때문입니다. 에스컬레이터를 다 올라가면 넓은 도로 양편으로 좁은

톨레도 전경

오르막길이 나옵니다.

이 라인부터가 진짜 톨레도를 경험할 수 있는 구간의 시작입니다. 좁은 오르막길을 오르다 보면 큰 광장이 나오게 되는데 바로 여기가 여행의 제로 포인트가 됩니다. 톨레도 여행에서 가장 중요한 지점으로 생각하시면 됩니다.

길을 잃어버렸을 때에도 이 장소만 기억하면 마드리드로 돌아올 수 있으니 걱정하지 마세요. 이 광장의 이름은 소코도베르(Zocodover)입니다. 만일 톨레도 구시가지에서 길을 잃었다면 이렇게 이야기하세요. "돈 데 에스타 플라자 소코도베르?(Donde esta Plaza Zocodover?)"

소코도베르 광장은 과거에 가축을 판매하던 시장이었습니다. 소코도베르라는 말은 아랍어로 뜻이 '황소가 뛰던 축제의 현장'이죠. 과거에 아랍인들이 톨레도를 점령했을 때 다양한 가축을 판매하며 시장을 형성했던 것에서 이름이 유래하였습니다.

가톨릭 세력이 이곳을 정복하고 각종행사와 종교재판을 하였던 장소였죠. 지금과 같은 사각형 스퀘어의 모습으로 광장을 만든 인물은 펠리페 2세입니다. 스페인의 무적함대를 이끈 전성기 국왕이죠. 그에 의해 현재의 모습이 갖추어졌고, 마요르 광장(plaza mayor)으로 불리기 시작했습니다. 이 공간에는 수백 년 된 건축 내부에 맥도날드와 스타벅스 같은 다국적 기업들이 함께 숨을 쉬고 있습니다. 그래서 톨레도가 더 매력적인 것 같습니다. 과거와 현재가 공존하며 발전 중이기 때문이죠. 이렇게 매력적인 톨레도에서 놓쳐서는 안 될 3곳을 소개합니다.

첫 번째는 톨레도 대성당입니다.

톨레도 대성당(출처: wikipedia, 톨레도)

　사실 톨레도 여행을 와서 톨레도 대성당을 보지 않는 것은, 앙꼬 없는 찐빵을 먹은 것과 같습니다. 정말 아무 맛도 나지 않는 밋밋함으로 남게 되는 셈이죠. 왜 그럴까요? 그 이유는 로마, 서고트족, 무어인, 카톨릭세력의 흔적이 성당 내부에 남겨져 있기 때문입니다.

　스페인이 다른 유럽권 국가보다 훨씬 더 매력적인 이유는 다양성에 있습니다. 로마시대부터 현재까지 수많은 민족들이 스페인에서 정복 전쟁을 벌이며 남겨둔 유산이 그것을 느끼게 합니다. 저는 스페인 선조들도 훌륭하지만, 그것을 잘 보존하고 유지한 후손들이 더 훌륭하다고 생각합니다.

그들 덕분에 수많은 사람들이 스페인에 살았던 사람들의 문화와 사상을 이해할 수 있기 때문입니다. 특별히 무어인들이 사용하였던 모스크를 개조하여 대성당을 건축한 톨레도 대성당에서 스페인의 유니크함을 느낄 수 있습니다. 그와 동시에 스페인 수석성당이며, 스페인의 모든 성당의 어머니와 같은 존재라는 것을 내부에서 경험할 수 있습니다.

특히, 세마나산타(semena santa) 부활절 기간에는 스페인 전역에서 신자들이 모여드는 모습을 볼 수 있습니다. 발 디딜 틈도 없이 신자들이 모여 기도하는 모습은 장관을 이룰 정도이죠. 가우디가 만든 성가족 성당도, 전세계에서 가장 큰 고딕 성당인 세비야 대성당도 톨레도 대성당에는 비견될 수 없습니다. 이 성당 그 자체가 스페인을 상징하기 때문입니다.

스페인의 모든 역사의 중심에서 1,000년 동안이나 수도로 유지될 수 있었던 근간도 대성당과 관련 있습니다. 한마디로 종교를 제외하고 톨레도를 논할 수 없습니다. 그래서 스페인의 종교적 수도는 톨레도라고 불립니다. 하지만, 그 무엇보다 톨레도가 수도로 1,000년 동안 사랑받은 이유는 천혜의 요새였기 때문입니다.

중세시대에 이슬람과 800년간 전투를 벌였던 가톨릭 세력에게 톨레도는 이슬람 전쟁의 전초기지였습니다. 톨레도를 중심으로 하여 스페인 남부에 이슬람 세력을 모두 몰아낼 수 있었죠. 마지막 남은 그라나다까지 말이죠. 그래서 톨레도는 단순한 하나의 도시가 아니라, 스페인이 지금과 같은 가톨릭 국가로 통일할 수 있었던 가장 중요한 공간이었습니다.

군사적 천혜요소라는 물리적요소와 종교라는 정신적요소는 스페인 통일 왕국을 이루는 근간이 되어주었죠. 그 흔적을 톨레도 대성당 내부에서 느껴 보시기 바랍니다. 톨레도 대성당 내부에 관련된 설명은 마드리드 부분에서 보실 수 있습니다.

둘째, 엘 그레코입니다.

스페인에는 3대 화가가 있습니다. 엘 그레코, 벨라스케스, 고야입니다. 그중에 톨레도를 중심으로 활동한 화가가 엘 그레코입니다. 그리스 크레타 섬 출신인 그는 꿈이 큰 사람이었습니다. 고향땅에서 그림으로 유명한 화가였지만, 더 큰 배움을 위해 베네치아로 갔죠.

그곳에서 티치아노에게 색을 어떻게 활용해야 하는지 배웠습니다. 틴토레토에게는 매너리즘에 대해 배우며 르네상스의 한계를 벗어나고 싶어 했습니다. 로마에서 미켈란젤로보다 더 멋진 최후의 심판을 그릴 수 있다고 교황청에 이야기를 했다가 미움을 사게 됩니다. 그래서, 어쩔 수 없이 이탈리아를 떠나 스페인까지 오게 되었죠.

당시 스페인 국왕이었던 펠리페 2세의 명령에 따라 그림을 그렸지만, 왕의 마음에 들지 않아 그는 스페인 궁정 화가가 될 수 없었습니다. 결국, 그는 톨레도에 남아 그림을 그리게 되면서, 톨레도의 화가 엘 그레코로 불리게 됩니다.

그는 톨레도에 귀족들과 친분을 쌓으며 그림을 그리는 생활을 지속할 수 있었습니다. 그 흔적을 엘 그레코 미술관에서 만날 수 있죠. 하지만, 톨레도에서 엘 그레코와 관련된 단 하나의 그림만 봐야 한다면 저는 주저 없이, 〈오르가스 백작의 매장〉을 추천할 것입니다. 왜냐하면, 그가 그린 그림 중 가장 예술적 가치가 높다고 생각하기 때문입니다.

〈오르가스 백작의 매장〉은 산토토메(Santo tome) 성당에 있습니다. 입장료를 지불하고 내부에서 볼 수 있죠. 톨레도에서 톨레도 대성당 다음으로 사람들이 많이 찾는 곳입니다. 그만큼 세계적으로 많은 사람들에게 사랑받는 명소이기도 합니다. 놓치지 마시고 방문하셔서, 세계적인 대화가의 작품을 만나보시기 바랍니다. 엘 그레코 그림에 관련된 자세한 설명은 마드리드 부분에서 보실 수 있습니다.

셋째, 소코트렌입니다.

소코트렌(톨레도)

톨레도는 역사와 예술만큼이나 아름다운 자연경관으로 유명한 도시입니다. 특히, 톨레도 전망대는 지금까지 제가 보았던 스페인의 그 어떤 장소보다 아름다운 장소이죠. 노을이 질 때쯤 바라본 전망대의 모습은 영화의 한 장면보다 더 인상적이었습니다. 그런 전망대를 편하고 즐겁게 볼 수 있는 방법이 소코트렌(꼬마열차)입니다.

소코트렌은 톨레도를 가장 빠른 시간에 가장 많이 돌아볼 수 있는 방법입니다. 저는 30분 간격으로 다니는 소코트렌의 오른쪽 자리에 앉는 걸 좋아합니다. 열차 진로방향에 오른쪽에 앉으면, 도시전체가 유네스코 세계 문화유산에 등재된 도시를 영화처럼 볼 수 있기 때문입니다. 50분 정도의 시간이 전혀 아깝지 않을 정도로 스페인의 과거와 현재가 공존하는 모든 공간을 방문합니다.

톨레도 전망대 (톨레도)

7유로에 이렇게 큰 행복을 누릴 수 있다는 것이 믿어지지 않을 정도로 말이죠. 소코트렌에 탑승하기 전에 저는 마사빤(Mazapan)을 구매하곤 했죠. 마사빤은 기근 때 수녀님들이 아몬드와 계란 노른자, 꿀과 설탕으로 디저트를 만들어서 나누어주던 것에서 유래했습니다. 톨레도에서만 맛볼 수 있는 귀한 음식이죠.

소코트렌 열차를 타고 가면서 하나씩 입에 넣는 마사빤은 그 어떤 음식보다 달콤합니다. 여행의 피로를 눈 녹듯 녹여주는 일용한 양식입니다. 미라도르 전망대에서 마사판과 사진을 찍으며 추억을 남겨 보시는 것도 좋을 것 같습니다. 영화속 한장면에 주인공이 된 것 같은 짜릿함을 만끽해보세요. 전망대에서는 10분의 자유시간이 주어지니까요. 주변에 있는 분들에게 사진을 찍어달라고 요청해서 멋진 인생샷을 남겨보셔도 좋을 것 같습니다.

이렇게 매력적인 톨레도에서 가장 근사한 식사를 할 수 있는 곳이 어디 있을까요?

저는 Restaurante La Orza(레스타우란테 라 오르자)를 자주 가곤 했습니다. 이곳 음식점이 톨레도에 최고라고 할 수는 없지만, 저에게는 최고의 식당이었습니다. 왜냐하면, 한적한 분위기와 훌륭한 식사가 좋았기 때문입니다. 특히 이곳에서 먹은 뽈뽀(pulpo) 요리는 손에 꼽을 정도로 훌륭한 음식이었습니다. 지금도 뽈뽀를 먹을때에, 톨레도에서 먹었던 요리가 생각이 납니다.

현지인들, 여행자들 할 것 없이 워낙 인기가 많은 식당이기에 예약을 하시는 편이 좋습니다. 만일 예약을 할 수 없는 상황이라면 오픈시간 30분 전에 방문하셔서 식사가 가능한지 확인하셔야 합니다. 식사를 하시면, 왜 미슐랭 추천을 받고 있는 식당인지 알게 되실 겁니다. 영어로도 소통이 가능한곳이기에 톨레도에 다른 식당들보다 주문하기는 편하실 수 있습니다.

든든하게 식사를 하고나서 저는 톨레도 주변을 산책하였습니다. 이 시간이 여행이 일상이 되는 순간이기도 하죠. 화려한 건축과 예술이 아닌, 날것 그대로의 톨레도를 만날 수 있기 때문입니다. 좁은 골목마다 연결되는 미로 같은 공간들이 과거로의 시간여행을 하는 것처럼 느껴집니다.

그러다 문득 하늘을 바라보면 푸른하늘과 뭉게구름이 저를 보고 있는 느낌이 들곤 했죠. 그리고 지나치다 보이는 상점들을 보며 가슴의 두근거림을 느낍니다. 그중 검을 판매하는 가게에 멈춰 들려보곤 했죠. 유럽에서 최고의 검이 만들어졌던 모습을 판매하는 도검들을 통해 중세시대 스페인을 떠올립니다.

가게 옆에 붙여져 있는 포스터를 통해 반지의 제왕과 왕좌의 게임 촬영 때에 톨레도 검이 사용되었다는 것을 알게 되었죠. 왜 톨레도에서 유럽 최고의 검이 만들어졌는지 궁금해서 사장님께 물어보았습니다. 사장님은 타호강 속 물에 미네랄이 풍부하기 때문이라 말해주셨죠.

그 풍부한 미네랄이 철을 더 강하고 튼튼하게 만들어주었기 때문이었습니다. 그리고 사장님은 지금까지도 스페인 장인들에 의해서 검이 만들어지기 때문이라는 이야기까지 전해주셨죠. 문화유산을 계승하고 보존하는 것의 중요성을 스페인 사람들을 통해 배우게 됩니다.

톨레도를 걷다 보면, 바닥에 새겨진 타일조각을 통해 유대인들의 흔적을 엿볼 수 있습니다. 또한 스페인에서 가장 많은 유대인들이 활동했던 흔적들이 박물관을 통해 남겨져 있죠. 특히 12~13세기는 스페인 톨레도의 최전성기라 말할 수 있습니다. 유럽에서 가장 번영했던 문명이라 해도 과언이 아니었죠. 왜냐하면, 아랍어와 히브리어로 된 고대 문서들이 카스티야어(스페인어)로 번역이 되어 교류되었기 때문입니다.

3개의 종교가 분리되지 않고 함께 교류하면서 문화의 르네상스를 이룬 시기입니다. 유럽의 르네상스가 일어나기 전에 이미 스페인은 르네상스를 경험한 셈이죠. 하지만, 그 르네상스의 시기는 이사벨 여왕이 스페인을 가톨릭으로 통일하면서 분열되었습니다. 다양성이 사라지고, 가톨릭을 가진 종교인들만 거주할 수 있게 스페인을 만들었죠. 그 폐쇄적인 정책이 유대인들을 독일지역으로 이주하게 만들었습니다.

그 사건이 결국 스페인의 전성기를 짧게 만들었습니다. 왜냐하면, 물자를 관리할 인재인 유대인들이 없었기 때문이죠. 유럽, 아니 세계최고의 인재인 유대인들을 잃어버림으로써, 톨레도에 영광도 스페인에 영광도 잠시 스쳐가고 사라지게 됩니다. 그들이 남겨놓은 문화유산과 건축들만이 그 당시에 유대인들의 삶을 짐작케 할 뿐이죠.

유대인, 이슬람, 가톨릭이 만난 장소. 톨레도. 세 종교의 만남이 이룬 다양성과 창조적 아이디어는 쇠락해가는 건축 속에서도 여전히 빛나고 있습니다. 그들이 교류하고 소통했던 이야기를 알칸타라 다리와 산마르틴 다리를 통해서 느끼곤 했습니다. 14세기 만들어진 산마르틴 다리에서 따호(Tajo)강을 바라보며 생각에 잠기곤 했습니다. 사람도, 돈도, 국가도 흘러야 사는 것이 아닐까 말이죠. 물이 흘러 순환하듯 다양성을 인정하고 공존할 때, 그 사회가 건강하다는 생각을 하였습니다.

톨레도는 여전히 살아 숨쉬고 있습니다. 단순히 몇 군데에 명소만을 보는 것만으로 그 도시를 잘 보고 왔다고 말할 수 없을 정도로 말이죠. 그래서 스페인 마드리드에 살면서 자주 톨레도에 갔습니다. 일상을 여행처럼, 여행을 일상처럼 느낄 수 있는 공간이기 때문이죠. 이 책을 읽고 계신 독자분들에게도 톨레도가 그러한 곳이 되기를 바랍니다. 오래 보고 자세히 보면서, 톨레도가 가진 진정한 매력을 가슴속에 새겨 가셨으면 좋겠습니다.

톨레도의 크리스마스(톨레도)

야, 나도 가자! 스페인!

톨레도	주간	소코트렌→톨레도 대성당→산토토메→산 마르틴 다리
	야간	파라도르 데 톨레도(톨레도에서 노을이 가장 아름다운 장소)
명소		1. 톨레도 전망대(톨레도에서 두번째 멋진 풍경, 소코트렌 이용 시 방문) 2. 톨레도 대성당(스페인 수석 성당, 천년 수도 톨레도의 심장) 3. 산토 토메(엘 그레코의 <오르가스 백작의 매장> 작품을 볼 수 있는 장소) 4. 산마르틴 다리(따호강과 14세기 다리가 하나의 예술 작품) 5. Parador de Toledo(파라도르 데 톨레도, 스페인 국영 호텔, 톨레도에서 가장 멋진 풍경) 6. 톨레도는 1박 이상 추천(파라도르 데 톨레도에서 1박 추천), 밤이 너무 아름다운 도시.
맛집		1. Obrador Santo Tome(오브라도르 산토 토메, 톨레도 기념품, 마사빵 맛집) 2. Restaurante la Oraza(레스타우란떼 라 오르자, 미슐랭 추천 음식점, 대구 구이 맛집) 3. El Trebol(엘 트레볼, 현지인 타파스 맛집, 12시부터 타파스 주문 가능) 4. Parador de Toledo cafeteria(파라도르 데 톨레도 카페테리아, 톨레도 최고의 카페).
팁		1. 스페인 파라도르 호텔은 왕족들이 살았던 장소. 2. 왕궁처럼 경관이 아름다운 숙소 3. 스페인 3대 파라도르 호텔 (톨레도, 론다, 네르하)

3

하늘과 땅이 만나는 곳
: 몬세라트

스페인을 먹여 살리는 건축가 가우디, 그가 힘들 때마다 찾아가서 기도했던 곳이 있습니다. 가우디뿐만 아니라 모든 카탈루냐인이 고향이며 기도하는 장소이기도 하죠. 그 장소가 바르셀로나 근교에 있는 몬세라트입니다. 몬세라트에 지명의 뜻은 몬(산)+세라트(톱니)입니다. 그래서 사람들에게 톱니 모양산으로 되어 있는 이곳은 자갈이 쌓여 만든 역암의 형태로 되어 있습니다. 그래서 실제로 방문하여 보면 더욱 신비한 느낌이 드는 공간입니다.

세계 가톨릭 4대 성지 중 하나인 몬세라트는 베네딕토 수도회에서 관리하고 있습니다. 1,200년 전 스페인이 이슬람 세력에 침략을 받아 국토의 대부분이 무어인에게 넘어갔을 때, 국토 회복 운동의 거점이 되었던 장소가 몬세라트였습니다. 이곳을 중심으로 해서 사람들이 모여 이슬람 세력과 전쟁을 하였고 그들을 물리치고 난 후 현재와 같은 수도원의 형태가 하나씩 만들어질 수 있었습니다.

베네딕토 수도회에서 1,000년 전부터 몬세라트를 관리할 수 있는 수도사를 파견하였습니다. 그 이후 도서관, 예배당, 숙소, 식당, 교육 시설들이 만들어졌습니다. 그리고 수도사들을 통하여 지역주민들에게 농업기술과 양봉기술이 전수되었죠. 수도사들 덕분에 소도시들끼리 무역이 활발하게 이루어지게 되었고, 몬세라트를 찾아오는 사람들도 점점 늘어나게 되었습니다. 그러나, 무엇보다도 몬세라트가 지금과 같이 전 세계적인 성지가 된 이유는 3가지입니다. 첫 번째는, 검은 성모상의 발견입니다.

스페인은 800년 동안 이슬람 세력에 영향을 받으면서, 국토를 회복하기 위한 전쟁을 계속한 나라입니다. 그래서, 유럽의 가톨릭 국가들이 십자군 원정을 갔을때, 교황으로부터 스페인은 오지 않아도 된다는 이야기를 들었습니다. 왜냐하면, 스페인 영토에서 이미 십자군 전쟁을 치루고 있었기 때문입니다.

전설에 따르면 목동들이 양을 치던 중 어디선가 나타난 빛을 보고 따라 갔다고 합니다. 따라가다 마주한 곳에 동굴이 있었고 그곳에서 검은 성모 상을 발견하였죠. 검은 성모와 아기 예수의 조각상이 발견된 후 베네딕토 수도회에서 관리하게 되었습니다. 그리고 그때부터 검은 성모가 함께하는 몬세라트를 중심으로 국토 회복 운동이 본격적으로 진행이 됩니다.

순례자의 길을 걷는 수많은 사람이 이곳에 와서 검은 성모에게 기도하면 서 더욱더 유명한 장소가 되었습니다. 그러면서, 더 많은 분이 오랫동안 미사하고 기도할 수 있는 공간들이 만들어졌고, 여행자들을 위한 숙박 장소 도 건축되었습니다. 카탈루냐 지방에 정신적 버팀목이 되어 수많은 사람이 기도하는 명소가 되었습니다. 카탈루냐 사람들에게 왜 검은 성모의 출현이 중요할까요? 그것은 이슬람 지배를 받던 시절에 카탈루냐 지역에 사람들 을 하나로 뭉치게 하였기 때문입니다.

다른 지역에서 발견되지 않은 새로운 성모의 출현은 카탈루냐 지역의 사람들에 자부심이 되었고, 그들이 함께 모여 기도하는 데 큰 힘이 되었습니다. 현재 검은 성모는 카탈루냐 지방에 수호성인이기도 합니다. 그렇다면 왜 검은 색깔의 성모가 발견되었을까요?

검은 성모상(몬세라트)

야, 나도 가자! 스페인!

그 이유는 정확하게 밝혀지지 않았습니다. 몇 가지의 가설이 있을 뿐이죠. 그 중에 하나는, 원래 나무로 만들어진 성모의 얼굴이 미사 때 초를 켜게 되면서 그을림이 발생하였다는 것입니다. 장기간의 노출로 인해 검은색으로 변하게 된 것이라는 추측을 합니다. 다른 하나는 보존에 문제가 생기어 검은색으로 칠한 것이라는 의견이 있습니다. 무엇이 되었든 정확한 이유를 알 수 없는 상황입니다. 왜냐하면, 1,000년 전 발견되었을 때, 이유를 기록으로 남기지 않았기 때문입니다.

다만 한 가지 확실한 것은, 검은 성모의 존재는 스페인 카탈루냐 지방 사람들을 하나로 연결 하여 주는 중요한 구심점이 된다는 사실입니다. 몬세라트에 방문하셔서 보실 예정이라면 미리 꼭 예약하셔서 보시기 바랍니다.

두 번째는, 에스콜라니아 성가대입니다.

이 성가대는 변성기 이전에 미성의 고운 목소리로 성가곡을 부르는 소년들로 구성됩니다. 카탈루냐 지방 출신의 아이들만을 선별해서 어린 시절부터, 훌륭한 재원으로 교육합니다. 철학, 문학, 예술 등을 어린 시절부터 교육하여 유럽의 다른 국가를 다니며 음악을 통해 카탈루냐 지방을 알리는 역할을 합니다.

에스콜라니아 성가대는 14세기부터 시작이 되었습니다. 700년이 넘는 역사를 자랑하는 소년 성가대이죠. 역사로만 따지고 보면 파리 나무 십자가 합창단과 빈 소년 합창단보다도 오래되었습니다. 몬세라트에 방문하시면 성당 내부에서 소년 성가대가 부르는 성가곡도 들어보실 수 있습니다.

세 번째는 '위기'입니다.

몬세라트는 카탈루냐 지방이 위기에 처할 때마다 모였던 곳입니다. 그래서, 그들의 아픈 역사를 그대로 간직한 장소이죠. 무어인이 침략해 왔을 때 함께 모여 싸웠던 장소였고, 나폴레옹이 침략하여 수도원을 불태웠을 때 끝까지 저항했던 곳입니다. 스페인 내전 시기에 프랑코 군대와 끝까지 싸웠던 장소이고, 프랑코 독재 시기에도 모여서 기도했던 장소입니다.

몬세라트는 카탈루냐 지방의 위기 때마다 시민들이 함께 모여 싸웠던 곳입니다. 그리고 자신들의 소원을 간절히 기도했던 장소입니다. 그래서, 위기야말로 카탈루냐 주민들이 몬세라트를 더 사랑하고 모이게 한 원동력이 되었습니다.

이 3가지가 몬세라트가 4대 성지가 된 이유입니다. 그중에 가장 중요한 한 가지만 이야기를 드리면, 검은 성모상의 발견이라고 할 수 있습니다. 많은 사람이 종교의 유무와 관계없이 지금도 저마다의 간절한 소망을 가지고 찾아와 기도하는 공간이기도 합니다.

바르셀로나에서 약 50km 떨어져 있는 몬세라트를 방문하는 방법은 버스, 열차, 택시 등이 있습니다. 그중 여행객들이 가장 선호하는 교통수단은 열차입니다. 저 같은 경우에는 에스파냐 역에서 몬세라트를 향하는 열차를 타고 가서 aeri de monserrat(아에리 데 몬세라트)에서 내립니다. 그곳에서 케이블카를 타고 몬세라트 수도원으로 이동하죠. 왜냐하면 케이블카를 타면서 바라보는 아름다운 풍경이 평생 잊지 못할 만큼 아름답기 때문입니다.

케이블카(몬세라트)

몬세라트에 도착해서 꼭 보아야 하는 세 장소를 소개합니다.

첫 번째는 몬세라트 성당입니다. 작은 공간에 울려 퍼지는 파이프오르간 소리와 소년 성가대의 미성의 목소리가 메아리처럼 신비하게 들립니다. 그래서 더 아름답고 깊이 있게 느껴지죠. 또한 스페인의 천재 조각가 수비라치의 작품 역시 놓쳐서는 안 되는 명작입니다. 예수 그리스도의 오상을 표현한 그의 조각은 그리스도의 다섯 군데에 상처를 생동감 있게 잘 표현하였습니다.

두 번째는 몬세라트 미술관입니다. 피카소, 달리, 시슬리, 모네, 드가, 르누아르 등 유명한 화가들의 그림을 볼 수 있는 귀한 미술관입니다. 우리에게 잘 알려지지 않은 그림이 대부분이지만, 유명 화가들의 다양한 그림을 만날 수 있기에 미술을 좋아하시는 분들에게 추천을 드립니다.

세 번째는 미카엘 십자가입니다. 개인적으로 몬세라트의 가장 아름다운 풍경을 볼 수 있는 장소입니다. 몬세라트 수도원에서 걸어서 30분 정도 등산을 해야 하는 수고로움이 있지만, 도착하여 풍경을 본 순간 수고로움을 잊게 되는 곳입니다. 피레네산맥의 설산과 몬세라트의 풍경들이 함께 느껴져 더욱 멋진 곳입니다.

저는 그곳에서 순례의 길을 걸었던 많은 사람들이 떠올랐습니다. 미카엘 십자가에 도착했을 때, 가쁜 숨을 몰아쉬며 눈앞에 보이는 몬세라트 수도원을 보며 얼마나 반가웠을까요? 이제 곧 숙소에 들어가서 깨끗한 물로 씻고 잠을 잘 수 있다고 생각했을 그들을 떠올려봅니다. 아마도 그들은 미카엘 십자가에서 기도를 하고 즐거운 마음으로 몬세라트를 향해 걸어 내려왔겠지요.

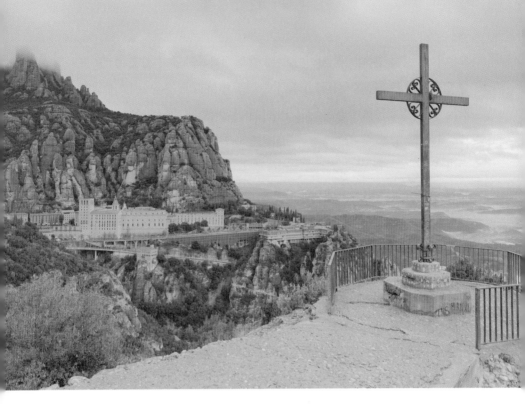

여행은 새로운 풍경을 보기 위함이 아니라

새로운 것들을 발견하기 위함이 아닐까요?

몬세라트 여행을 통해 새로운 것들을 발견하시기 바랍니다.

몬세라트	에스파냐역→몬세라트 산악열차 정거장→몬세라트→검은 성모상→에스콜라니아 성가대→점심→트레킹
명소	1. 몬세라트 검은 성모상(세계에서 가장 오래된 검은 성모상) 2. 에스콜라니아 성가대(세계에서 가장 오래된 소년 성가대) 3. Creu de Sant Miquel(크레우 데 산 미겔, 몬세라트에서 가장 아름다운 전망대)
맛집	1. Montserrat Buffet(몬세라트 절경을 보며 부페 식사를 할 수 있는 장소) 2. Restaurant Abat Cisneros(레스타우란떼 아밧 씨스네로, 카탈루냐 코스 요리) 3. La cafeteria(라 카페테리아, 가벼운 식사 또는 커피를 주문할 수 있는 장소)
팁	티켓예매 필수(Montserratvisita.com, 검은 성모상+에스콜라니아 통합권) 몬세라트 통합티켓 현장 구매(에스파냐역 키오스코에서 구매 가능) 지하철, 열차 이용시 소매치기 조심

Ⅱ
월트디즈니의 백설공주 성
: 세고비아 알카사르

마드리드에서 60km 떨어진 곳에 매력적인 소도시가 있습니다. 그곳은 세고비아입니다. 마드리드에 살면서 훌쩍 떠나고 싶은 날 지하철을 타고 moncloa(몽클로아)역으로 갔습니다. 몽클로아역에 도착해서 세고비아행 티켓을 판매하는 장소(Avanza Bus, 아반사 부스)로 향했죠.

다행히 30분마다 세고비아로 가는 버스들이 있었고, 가장 가까운 시간에 출발하는 티켓을 구매하고 버스에 탑승했습니다. 왼쪽 창가에 앉아 밖을 바라보며, 음악을 듣습니다. 훌리에타 베네가스(Julieta Venegas)의 〈Limon Y Sal〉(소금과 레몬)이 귓가에 울려 퍼지면서 버스는 세고비아를 향합니다. 레몬과 소금처럼 너의 모습 그대로를 사랑한다는 감미로운 목소리가 귓가에 퍼지면서 과거로의 시간여행이 시작됩니다.

500년 역사를 자랑하는 마드리드에서, 2,000년의 역사를 품고 있는 세고비아로 가는 데 40분이면 충분합니다. 다양한 라틴가수들의 음악을 통해 제가 스페인에 살고 있고, 그들의 문화를 공기처럼 누리고 있다는 사실을 깨닫곤 했죠.

가이드로 지치는 날에는 그렇게 소도시로 여행을 떠났습니다. 저 스스로가 가이드이기 이전에 여행자라는 것을 다시 느끼고 싶었기 때문이었죠. 음악을 들으며 차오르는 뜨거운 감정이 여행을 더욱 설레게 만들어 주었습니다.

흥겨움이 가슴 뛰는 것을 넘어 몸을 춤추게 만들 때쯤, 갑자기 버스가 멈추었습니다. 현지인들 중 내리는 분들이 계셨던 거죠. 어차피 세고비아의 구시가지를 가기 위해서는 종점까지 가야 하기에 느긋한 마음으로 다시 창밖을 보며 음악을 재생합니다.

그렇게 2곡정도의 음악을 더 듣고 나면 모든 버스의 인원들이 부산스럽게 내릴 준비를 합니다. 그들의 행동을 통해 세고비아 버스터미널에 도착했다는 것을 알게 되죠. 버스에서 내려 화장실을 이용한 뒤 구시가지로 이동합니다.

유럽에서 살면서 저는 언제나 화장실이 어디 있는지 체크를 하며 살았습니다. 여행지에서 가장 난처한 상황이 화장실이 급할 때라는 것을 몸으로 경험하였기 때문입니다. 그리고 유럽에 대부분 화장실은 유료로 되어있습니다. 터미널에서 먼저 이용하고 여행을 시작하는 것이 좋습니다.

터미널 문을 열고 나가면, 새로운 세상이 펼쳐집니다. 횡단보도를 건너서 마주한 구시가지의 건축들을 통해 세월의 흔적을 엿볼 수 있죠. 천 년 된 성당부터 이천 년 넘은 수도교까지, 세고비아는 살아 있는 건축박물관이라 해도 과언이 아닙니다. 그런 세고비아에서 놓쳐서는 안 되는 3가지가 있습니다.

첫 번째는, 로마 수도교입니다.

많은 사람들이 수도교를 말하면 로마를 떠올립니다. 저 역시 그렇게 생각한 적이 있었습니다. 하지만, 세고비아를 방문하고 고정관념이 완전히 깨졌습니다. 전 세계에서 가장 보존이 잘 되어 있는 수도교를 보았기 때문입니다.

세고비아 수도교(출처: wikipedia)

　실제로, 세고비아 수도교는 로마에 남아 있는 수도교들보다 보존상태가 월등이 좋습니다. 세고비아 수로는 스페인 세고비아에 있는 로마 수로이고, 서기 1세기경에 만들어졌습니다. 17km 떨어진 수원지(Rio Frio)에서 물을 도시로 끌어오기 위하여 만들어졌죠.

　이 물이 수도교로 흘러 왕궁, 군사시설, 공중목욕탕, 개인까지 사용할 수 있었고, 1973년까지 사용되었습니다. 167개의 이단 아치로 이루어진 세고비아 수로는 현존하는 수도교 중 가장 아름답고 잘 보존된 장소입니다. 세고비아 도시에서 가장 중요한 랜드마크로 1985년 유네스코 세계문화유산으로 지정까지 되었죠.

　수도교의 특징 중 하나는, 모르타르를 바르지 않는 벽돌과 같은 화강암으로 지어졌습니다. 한마디로 접착제가 없이 블록처럼 조립된 구조입니다.

수도교의 길이 813m, 높이 30m 달합니다. 20,000개가 넘는 화강암 덩어리가 120개 아치형 기둥으로 지탱됩니다. 어떻게 접착제 없이 167개의 이단 아치를 완벽하게 만들 수 있었을까요?

석공이 먼저 나무로 반원형 틀을 만든 다음 그 위에 돌을 쌓습니다. 그 이후에 돌이 놓인 나무 프레임을 제거합니다. 프레임이 제거되고, 가운데 쐐기돌이 맞물리는 순간 양쪽에서 밀어주는 힘에 의해 균형이 맞추어집니다. 동시에 중력으로 작용하는 힘이 아래쪽에 힘을 가합니다. 양쪽의 힘과 아래로 향하는 힘의 비율이 정확히 5:5의 비율로 맞아떨어지면서 가운데 돌이 사라지지 않는 한 영원히 부서지지 않는 완벽한 아치가 생성됩니다.

아치의 포인트는 가운데의 쐐기돌입니다. 그 쐐기돌까지 맞추고 나서, 틀을 제거하는 순간 쐐기돌이 양쪽에서 밀어주는 힘과 아래로 작용하는 중력과 완벽한 균형을 이루면서 맞추어집니다. 레고 블록처럼 말이죠. 접착제 없이 기중기로 쌓아 올려 만든 걸작입니다.

이와 같이 만들어진 수도교의 정상에 30cm 폭의 관개수로가 만들어졌습니다. 17km 떨어진 수원지에서 흐른 물이 관개수로를 통해 도시까지 흘러 들어왔죠. 무려 2,000년 동안 세고비아 시민들이 식수로 사용하였습니다. 지금도 여전히 사용할 수 있을 만큼 잘 보존되어 있습니다.

두 번째는, 꼬치니요 아사도(Cochinillo asado)입니다.

세고비아에서 가장 사랑받는 음식으로 새끼돼지 구이이죠. 해발 1,000m 높은 지대에 살고 있는 세고비아 시민들이 즐겨먹는 보양식입니다. 새끼돼지 음식이라는 이야기를 듣고 처음에는 편견을 가지며 먹지 않았지만, 한 번 맛보고는 즐겨 먹게 되었습니다.

태어난 지 2~3주 정도 되는 새끼돼지 껍데기가 누룽지처럼 바삭하고 고소한 맛이 일품입니다. 또한 살결은 한국에서 먹었던 닭백숙과도 유사할 정도로 부드럽습니다. 세고비아 골목마다 꼬치니요 아사도를 파는 식당을 마주할 수 있죠. 거의 한집 건너 한집이라 할 정도로 많습니다. 도대체 왜 세고비아에 유독 꼬치니요 아사도가 많을까요?

그 이유는 종교 때문입니다. 스페인 왕국이 이슬람왕국을 스페인 땅에서 내쫓고 나서 일부 무어인들이 남았습니다. 그들이 개종을 했는지 안 했는지, 시험할 수 있는 음식이 돼지고기였습니다. 왜냐하면, 이슬람인들은 돼지고기를 먹지 않기 때문입니다. 그 중에서도 세고비아는 더욱 많은 돼지고기를 먹도록 권장하였습니다.

바로 이사벨 여왕을 통해서 말이죠. 그녀는 순수 가톨릭으로 스페인을 만들고자 하였습니다. 그래서 그녀가 스페인을 통일한 이후에는 유대인도 이슬람인도 모두 스페인 땅에서 쫓겨 날 수 밖에 없었습니다. 그러한 남겨진 종교적 폐쇄성의 흔적이 세고비아에 새끼돼지 구이를 통해 엿볼 수 있습니다.

그렇다면, 세고비아에서 가장 유명한 꼬치니요 아사도 집은 어디일까요? 수도교 바로 앞에 있는 메손 데 깐디도(meson de candido)입니다. 1898년부터 지금까지 대를 이어 전통을 이어가고 있는 유명한 맛집이죠. 현 스페인 국왕인, 펠리페 6세가 왕자 시절에 방문하면서 더욱 유명해졌습니다. 이 집에 볼거리 중 하나는 새끼돼지를 칼로 자르지 않고 접시로 자르는 것입니다.

부드럽고 연하다는 것을 보여주는 쇼맨십이기도 하죠. 저 역시 이곳에서 장인요리사가 접시로 직접 잘라준 새끼돼지를 먹은 기억이 생생합니다. 하지만, 세고비아를 제가 다시 여행한다면 저는 메손 데 깐디도 (meson de candido)를 방문하지 않을 것입니다. 왜냐하면, 그곳보다 더 매력적인 음식점을 찾았기 때문입니다.

　'Restaurante California'입니다. 세고비아 현지인들 맛집입니다. 미리 예약을 하거나 오후 1시, 오픈시간에 가야 식사가 가능합니다. 저는 그곳에서 가서 메뉴 델 디아(menu del dia)를 자주 먹었습니다. 합리적인 가격에 신선한 야채와 고기를 배불리 먹을 수 있기 때문이죠. 친절한 주인아저씨와 대화를 하면서 식사를 했던 기억은 세고비아를 더 좋아하게 만들어주었습니다.

　세 번째는, 백설공주 성입니다.

　백설공주 성의 배경이 되는 성이 세고비아의 알카사르(alcazar)입니다. 알카사르는 아랍어의 기원을 두고 있는 말로 '성'이라는 의미를 가지고 있습니다. 이 성은 중세시대 스페인 국왕들의 사랑을 받았던 장소입니다. 특히 스페인에서 가장 많은 사랑을 받는 이사벨 여왕이 살았던 장소입니다.

세고비아 알카사르(alcazar de segovia, 출처 : alcazardesegovia.com)

이사벨 여왕은 스페인 땅에서 이슬람 세력을 몰아내고, 콜럼버스를 후원하면서 스페인을 '해가 지지 않는 제국'으로 만든 인물입니다. 그래서 많은 사람들은 그녀가 왕궁에서 자라고 교육을 받으며 강력한 왕권을 가졌을 것이라 생각하죠. 실제로는 그렇지 않았습니다.

이사벨 여왕의 아버지인 후안 2세가 죽고나서, 후계자는 이사벨의 이복오빠 엔리케 4세가 되었습니다. 엔리케는 이사벨과 그녀의 어머니를 눈에 가시처럼 여기며 변방으로 내쫓았습니다. 왕족이었지만 평민보다 더 못한 삶을 살아가던 이사벨의 어머니는 그곳에서 죽고 맙니다.

어린 이사벨에게 그 시간들은 고통스러웠지만, 살아야 할 이유를 발견하는 시간이 됩니다. 그리고 그 시간들을 통해 평민들의 삶을 이해하고 강인한 사람으로 성장하게 되죠. 그리고 마침내 1474년 이복오빠인 엔리케4세가 사망했다는 소식을 듣고, 그녀는 여왕으로 즉위하였습니다.

스페인 최고의 국왕은 왕궁에서 자라난 것이 아니라, 야생화처럼 들에서 피어났습니다. 그러하기에 누구보다 국민들을 더 많이 사랑하고 이해할 수 있었죠. 그리고 여왕에 대한 사랑과 환희가 울려 퍼진 곳이 세고비아였습니다. 1474년 시민들은 여왕의 즉위를 축하하기 위해 세고비아 시내에 가득 모여 밤새 축하를 하였습니다. 그 기록이 세고비아 성 내부에 그림으로 그려져 있습니다.

하지만, 세고비아 성이 백설공주 성으로 불리게 된 것은 이사벨 여왕 시기가 아닙니다. 그의 증손자인 펠리페 2세 때입니다. 그는 합스부르크 왕가의 후손으로 오스트리아의 문화와 스페인 문화를 모두 계승한 인물이었죠. 그래서 오스트리아에 있는 성들과 비슷한 모습으로 세고비아 성을 리모델링 하였습니다.

오스트리아 지역에 있었던 점판암들을 가져와 날카로운 슬레이트 첨탑을 추가했죠. 그래서 지금의 세고비아 성을 만든 인물은 펠리페 2세라고 할 수 있습니다. 펠리페 2세는 그의 아내 아나와 세고비아 알카사르에서 결혼식을 올리기도 했습니다. 이처럼 세고비아는 스페인 왕조에서 중요하게 생각한 도시라는 것을 알 수 있습니다.

그렇다면, 왜 이렇게 스페인 왕들이 세고비아를 중요시 여겼을까요? 왜냐하면, 천혜의 요새이기 때문입니다. 해발 1,000m에 위치한 알카사르는 주변에 강을 끼고 있어서 군사 방어를 하기에 탁월한 장소였죠. 전쟁이 자주 벌어졌던 중세시대부터 세고비아는 스페인 국왕들에게 너무나 중요한 군사 도시였습니다.

하지만, 16세기 합스부르크 왕조가 세워지면서 그 영향력이 줄어들게 되었습니다. 왜냐하면, 펠리페 2세 시기 세고비아나 톨레도보다 행정업무를 보기 좋은 마드리드로 수도를 이전했기 때문입니다. 중세에 중요했던 세고비아나 톨레도의 영향력은 자연스레 줄게 되었고 마드리드로 인재와 물자가 모여들어 대도시로 성장하게 되었습니다.

이와 같은 이유로, 세고비아 알카사르는 오랫동안 방치되다, 1762년 부르봉왕가의 카를로스 3세 시절에 왕립 포병대학교가 되었습니다. 이곳에서 교육을 받은 훌륭한 장교들이 1808년 5월 나폴레옹의 침략에 맞서 용맹하게 싸운 기록이 프라도 미술관에 있습니다. 고야가 그린 '1808년 5월 2일'을 관람하시기를 추천합니다.

현재는 세고비아 알카사르 이사회를 통해 성을 관리중입니다. 외부에서는 오스트리아와 독일에서 만날 수 있는 성의 모습을 보여줍니다. 그러나 내부에 들어가면 이슬람 장식과 가톨릭 예술이 조화롭게 융합된 모습을 볼 수 있습니다. 세상에서 가장 아름다운 성 중 하나라고 불리기에 부족함이 없는 작품입니다. 세고비아에서 독특한 건축물, 전략적인 위치, 풍부한 역사를 동시에 느껴보시기 바랍니다.

세고비아 낮의 모습

세고비아	산미얀 성당→세고비아 수도교→점심→세고비아 대성당→산마르코 전망대→세고비아 성
명소	1. 세고비아 수도교(세계에서 가장 잘 보존 된 수도교) 2. 세고비아 대성당(스페인에서 가장 마지막에 건설한 대성당, 시간이 없다면 외부만) 3. 산마르코스 전망대(인생샷 포인트, 세고비아에서 가장 아름다운 장소) 4. 세고비아 성(월트디즈니 백설공주 배경이 되는 성, 이사벨 여왕이 살았던 궁전)
맛집	1. Meson de Candido(메손 데 깐디도, <꽃보다 할배>에서 방문한 새끼돼지 구이 맛집) 2. California Restaurante(칼리포니아 레스토우란떼, 메뉴 델 디아 맛집, 세고비아 현지인 맛집. 예약을 하거나, 가게문을 여는 1시쯤 방문. 친절한 서비스와 로컬 분위기) 3. Pasteleria Limon Y Menta(파스텔레리아 리몬 이 멘타, 폰체 맛집, 세고비아 디저트 맛집) 4. Trattoria Pizzeria da Mario(트라토리아 피제리아 데 마리아, 피자, 파스타 맛집)
팁	마드리드에서 1시간 20분 버스를 타고 갈 수 있는 근교 도시. 버스 예약은 Omio.com에서 가능. 마드리드보다 더 스페인스러운 매력을 느낄 수 있는 소도시.

5

피카소보다 독창적인 예술가

: 살바도르 달리(피게레스)

　스페인에서 피카소보다 더 괴짜이고 독창적인 예술가가 있다면, 그는 바로 살바도르 달리입니다. 츄파춥스의 로고를 만든 예술가로도 잘 알려져 있는 인물이죠. 달리의 이름은 몰라도 매력적인 콧수염의 사진은 본적이 있으실 겁니다.

　그런 달리가 태어나고 활동했던 장소가 피게레스입니다. 특히, 그의 대표작들이 피게레스 달리 미술관에 있습니다. 제가 달리 투어를 만들던 시기에 수 없이 방문했던 곳이죠. 가우디나 피카소와 다른 기발하고 재미있는 예술가를 만나고 싶으시다면, 피게레스를 방문해 보시기 바랍니다. 제가 방문했던 경험을 기행문 형식으로 소개합니다.

　달리투어를 만들기 위해 피게레스를 가는 날마다 그라시아 역을 향했다. 산츠역보다 집에서 가까운 그라시아 역에 도착하여 꼬르따도 한잔을 마시는 일은 하루에 시작을 알리는 의식과 같았다. 커피의 진한 향이 온몸에 퍼질 때, 오늘도 선물 같은 하루가 시작되었음을 느낀다. 지하철 통로를 통해 안으로 들어가면 Rodalies(로달리에스)라고 적혀 있는 키오스코가 보인다.

　F의 철자를 누르면 화면에 Figueres(피게레스)가 보인다. 클릭하고 Validate(발리다테)를 누른다. 그러면 구매를 하는 화면으로 넘어가고 현금 또는 카드

로 결제를 하면 된다. 처음부터 왕복권을 끊지 않았던 이유는 달리미술관에서 오래도록 그림과 작품을 보고 싶었기 때문이었다. 바르셀로나로 돌아오는 열차가 저녁까지 있었기 때문이기도 하다.

MD열차를 타고 가니 일반열차보다 조금 더 빨랐다. 1시간 50분 열차로 이동하는 동안 달리가 제작한 영화 한 편을 보았다. 〈안달루시아의 개〉 다소 난해한 그 영화를 보면서, 달리가 얼마나 특이한 사람인지 또 한 번 알게 되었다. 의식의 흐름대로 흘러가는 영화를 보면서 결말이 무엇인지 궁금했다. 그러나 영화가 끝나고 나서도 나는 결말이 무엇인지 알 수 없었다.

말 그대로 의식의 흐름대로 가는 영화일 뿐, 명확한 주제가 존재하지 않았기 때문이었다. '안달 루시아의 개'라는 제목 역시도 영화와 아무런 상관이 없었다. 난생처음 예상이 안 되는 영화를 끝까지 시청하면서, 나는 달리가 더욱 궁금해졌다. 1시간 50분 후, 피게레스에 도착했다.

달리의 고향이라 불린 피게레스는 한적했다. 바르셀로나와 비교하면 시골스러운 분위기였다. 그 한적한 분위기가 참 좋아, 테라스에 앉아 오렌지 쥬스와 크로와상을 주문했다. 시원한 오렌지 주스를 마시며 시계를 바라본다. 오전 10시 티켓시간은 아직 여유가 있다. 9시에 입장하면 가장 한가하게 내부를 볼 수 있지만, 너무 일찍 일어나는 게 싫어서 10시 티켓을 구매했다.

과거에는 현장에서 구매하였지만, 요즘은 여행자들이 많아져서 티켓을 온라인으로 예매한다. 따뜻한 햇살이 비추는 피게레스의 아침은 주스만큼이나 신선한 느낌이다. 친절한 사장님의 서빙에 감사한 마음을 담아 1유로의 팁을 두고 미술관을 향한다.

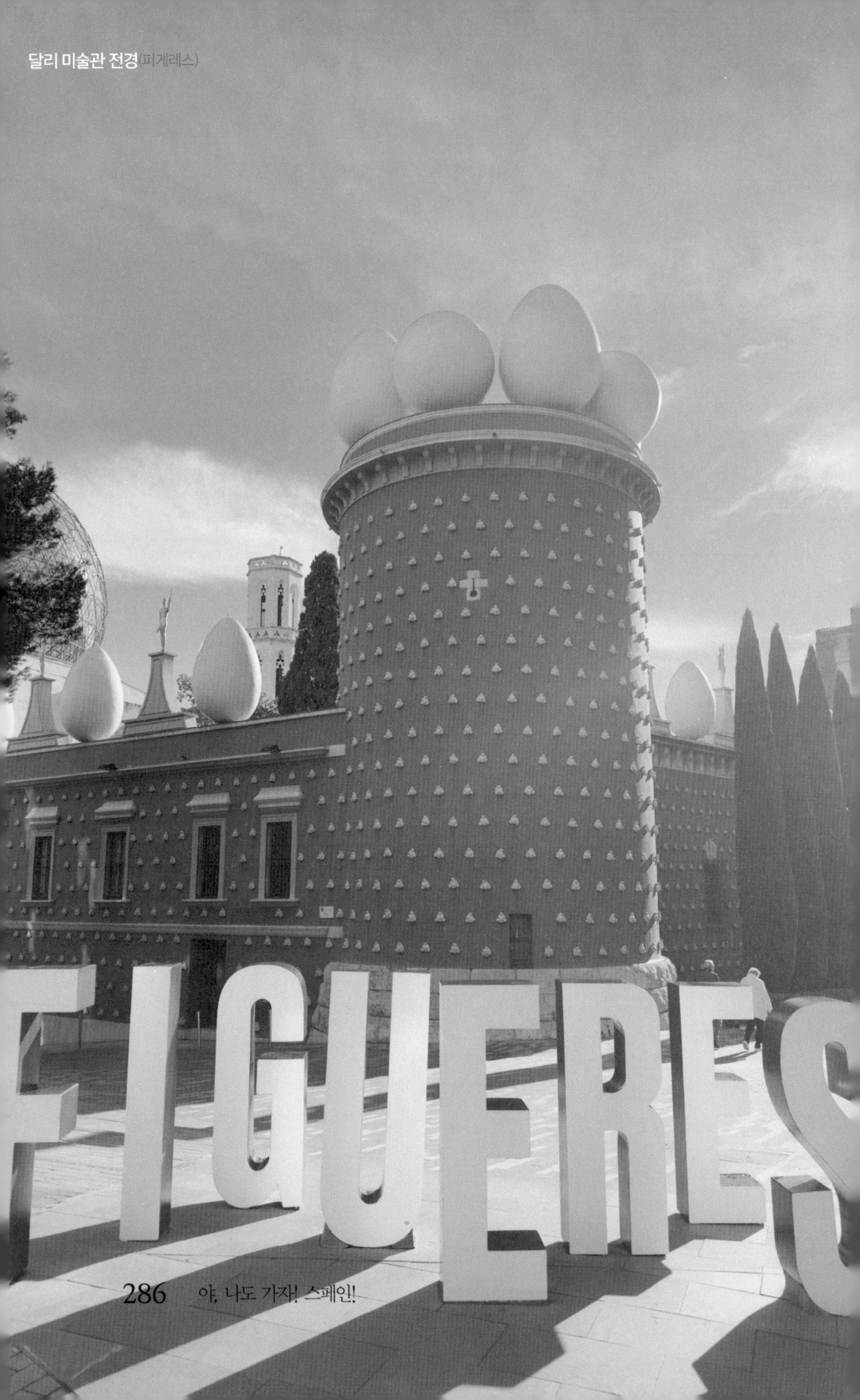

달리 미술관 전경(피게레스)

팁이 의무는 아니지만, 좋은 사람을 만나면 1유로 이상 두고 온다. 그것은 그 사람에게 돈을 주는 것이 아니라, 감사의 마음을 두고 오는 것이란 걸 스페인에서 살며 배웠다.

예약한 시간에 미술관 입구로 가니 이미 사람들이 줄을 서있다. 초등학교 학생부터 노인까지 모두 달리가 만든 예술작품을 보기 위해 나란히 서 있다. 나도 그들 곁에 함께 서서 입장을 기다린다. 이윽고 들어가는 입구에서 가방 검사를 한다. 가방에 특별히 든 것이 없기에 짐을 맡기고 번호표를 받는다. 팜플렛 하나를 받아 내부로 들어간다. 달리 미술관은 언제 봐도 즐거운 것들로 가득 차 있지만, 지금 소개하는 3가지는 꼭 봐야 한다.

첫째, 지중해를 생각하는 갈라. 20m 떨어져서 보면 에이브러햄 링컨 대통령의 초상화.

링컨 대통령(피게레스)

가까이서 보면 달리의 연인이었던 갈라의 누드 모습이 보이고, 멀어지면 링컨 대통령이 보이는 작품. 달리의 석판화 작품으로, 픽셀이라는 개념이 자리잡지 않았던 시절에 121픽셀로 표현한 그림이다. 픽셀로 되어 있는 모습은 가까이서는 모자이크로 보이지만, 20m 뒤에서는 명확하게 링컨대통령으로 인식할 수 있다.

혹 잘 안 보인다면, 핸드폰을 꺼내 사진 촬영을 해보면 된다. 달리는 과학잡지에서 보았던 링컨대통령의 포토 모자이크 콘셉트를 보고 자신만의 방식으로 재해석하였다.

많은 사람이 달리를 타고난 천재로 보지만, 실제 그는 그 누구보다 다방면에 걸쳐 공부하여 천재가 된 인물이다. 프로이트 박사의 꿈의 해석을 읽고 무의식에 심취하였고 초현실주의 화가가 된 인물이기도 하다. 양자물리학에도 관심이 많았고, 그 모습을 미술관 바깥에 원자의 구성요소로 표현해 두었다.

사람들은 벽에 붙어 있는 빵이나 똥이라고 해석하지만, 원자로 보는 것이 더 적합하다. 링컨 대통령의 초상화를 통해 달리는 말한다. 인간은 고정관념의 틀에 갇힌 존재라고. 가까이 본 사물이, 멀리서 볼 때 어떻게 달라지는지 보여줌으로써, 틀을 벗어나라고 말한다. 인간은 인식하는 만큼 세상을 다르게 볼 수 있는 존재임을 그는 이 작품을 통해 이야기한다.

둘째, 메이웨스트의 방
달리 미술관에서 가장 인기있는 장소이다. 마를린 먼로 이전에 미국의 섹스 심볼로 불릴 만큼 엄청난 인기를 얻은 여배우. 메이웨스트의 얼굴을 다양한 장식품을 통해 꾸며 두었다. 액자그림은 두개의 눈을, 벽난로는 코를, 빨간색 카우치는 입술을 상징한다.

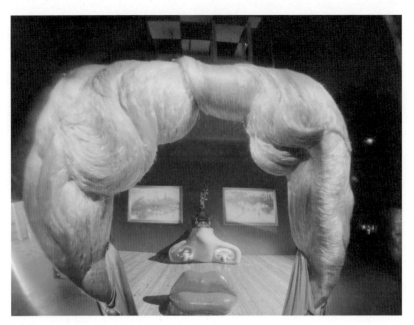
메이웨스트(피게레스)

하지만 이 모습을 어렴풋이 상상은 했지만 현실로 마주한 곳에서 '헉' 소리가 절로 나왔다. 낙타 장식이 되어 있는 장소로 이동하여 계단을 오르고 마주한 거울을 본다. 그 순간 완벽한 메이웨스트의 얼굴이 나타나면서 퍼즐이 완성된다.

단순한 소품처럼 널려있던 모든 것이 사실은 완벽한 시나리오였다는 것을 알게 되는 순간. 그 순간 깨닫게 되는 한 가지는 '인생'이었다. 우리의 인생에서 경험하는 모든 것이 파편처럼 흩어져 있다, 어느 순간 그 모든 순간의 의미가 있었다는 것을 알게 될 때가 있다. 그럴 때 느끼는 감정이 메이웨스트의 방에서 느껴졌다. 사소한 것은 사소한 것이 아니라, 너무도 중요한 순간이라는 걸.

기억의 지속(피게레스)

셋째, 〈기억의 지속〉

죽기 전에 꼭 봐야 할 명화 1,001점의 그림 중 하나인 작품. 살바도르 달리에 가장 유명한 작품이다. 원작은 뉴욕 현대 미술관에서 만날 수 있다. 피게레스 미술관에서는 달리의 침실 위에 테피스트리 형태로 그려져 있다.

이 그림은 보면 볼수록 훌륭한 달리의 회화실력을 느낄 수 있다. 저녁에 까망베르치즈를 먹고, 두통에 괴로워하다 잠이든 달리는 꿈에서 깨어나 거실로 나온다. 그때 시계가 까망베르 치즈처럼 흐물거린다는 생각이 들었고, 그것을 캔버스에 그리기 시작했다. 그 작품이 기억의 지속이다. 흐물거리는 시계의 모습을 통해 측정된 시간의 엄밀함을 조롱한다.

시간의 측정이라는 것이 얼마나 상대적인지 비꼬는 듯한 느낌마저 드는 그림이다. 왜냐하면, 그림을 그릴 당시 그는 의식의 세계보다 무의식의 세계에 푹 빠져 있었기 때문이다. 우리가 인식하는 시간의 이면에 존재하는 무의식의 세계에 대한 달리만의 고찰이 흘러내리는 시계를 통해 표현된다. 또는 의식의 흐름대로, 자신이 느낀 대로 표현한 달리만의 예술 세계를 엿볼 수 있다.

달리 미술관은 사실 3가지의 작품만으로 그 공간을 이해하였다고 말하기는 어렵다. 왜냐하면, 달리 미술관에 들어가자 마자 보이는 깨어진 머리에 거인이 있기 때문이다. 깨어진 머리에 거인의 의미는 고정관념을 파괴시킨다는 의미이다.

한마디로 달리 미술관에 들어온 관객 모두의 고정관념을 파괴시킬 것이라는 달리의 열망이 느껴진다. 특히 그가 단순한 추상화가가 아니라, 구상화가로서 최정상에 있었다는 것을 미술관 내부에서 볼 수 있다. 라파엘로, 벨라스케스, 조르주쇠라, 마티스, 피카소에 이르기까지 과거부터 당대까지 최고라고 불린 화가들의 그림을 모두 훔친 달리를 만날 수 있다.

동시에 원자 물리학에 푹 빠져 다양한 원자를 그린 달리를 만날 수 있다. 특히 달리의 아내이자 뮤즈였던 갈라의 그림이 많다. 여신의 모습부터, 원자로 구성된 갈라까지. 온통 갈라로 시작해서 갈라로 끝나는 그림 천지이다. 연인이자 아내였던 갈라를 사랑을 넘어 우상화한 달리의 집요함과 집착을 느낄 수 있다.

달리 침실의 방에서 하늘로 올라가는 갈라를 위해 하늘을 떠받치는 달리의 그림을 보면서 그런 생각을 하였다.

'사랑인지, 숭배인지 알 수 없는 달리의 집착적 광기가 갈라라는 대상을 만나면서 만들어낸 것이 지금 내가 있는 달리 박물관이지 않을까.'

그곳에서 내가 알게 된 한가지는, 우리가 일상에서 가지는 편견과 고정관념을 예술을 통해 부수려고 했던 흔적이었다. 그것은 사랑하는 갈라를 매개체로 해서 세상과 소통하고자 했던 달리의 몸부림이었는지도 모른다.

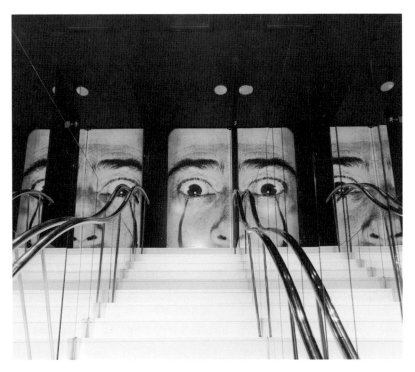

달리(피게레스)

피게레스	Teatre-Museu Dali(떼아트레 무세오 달리, 달리 박물관)→Dali Jewels Collection(달리 쥬웰 콜렉션, 달리 보석 전시관)
명소	1. 달리 박물관(초현실주의 화가 달리의 어린시절부터 노년까지 작품이 전시된 박물관) 2. 달리 보석 전시관(달리가 만든 보석 전시관)
맛집	1. Meson Asador(메손 아사도르, 스테이크와 Pulpo(뿔뽀, 문어)맛집. 2. Urban Coffee & Brunch(브런치 카페, 가볍게 식사하기 좋은 장소, 카푸치노 맛집)
팁	바르셀로나 산츠역에서 Ave열차를 타고 1시간이면 피게레스 도착. 역에서 달리 박물관까지 걸어서 20분 소요. 택시 이동시 5분 소요. 바르셀로나보다 한가하고 여유 있는 현지인들의 삶을 엿볼 수 있는 소도시.

왕좌의 게임 촬영지

: 맛집의 도시 지로나

바르셀로나는 스페인에서 가장 매력적인 도시 중 하나입니다. 유럽 청년들이 가장 살아보고 싶은 도시 1위를 차지할 정도로 인기가 많은 도시이죠. 그러나, 바르셀로나 외에도 스페인에는 매력적인 도시가 정말 많습니다. 특히, 바르셀로나 근교에는 바르셀로나 못지않은 멋진 도시들이 있기에 방문할 가치가 있습니다. 그중에 하나가 지로나입니다.

스페인이 사람들에게 사랑받게 된 것은 유명한 대도시들 덕분입니다. 하지만, 작은 소도시들도 그에 못지않게 특색이 있고 매력이 있습니다. 특히 제가 지로나를 좋아했던 이유는 조용하면서 따뜻했기 때문입니다. 일상을 살아가는 평범한 사람들의 이야기를 차분히 볼 수 있는 곳이죠.

바르셀로나의 분주함을 떠나고 싶을 때, 저는 지로나를 찾았습니다. 지로나 주민들과 대화하며 그 지역을 더 깊이 이해할 수 있었던 것도 좋았죠. 소도시에 매력이 여기에 있습니다. 분주하지 않고 차분하게 볼 수 있다는 점입니다. 분주하지 않다는 것은 여유를 갖고 사람과 도시를 볼 수 있는 마음을 갖게 합니다.

지로나 전경 (지로나 시)

바르셀로나 근교 소도시 지로나는 바르셀로나에서 약 100km 떨어진 도시입니다. 그라시아 거리에 있는 passeigh de grcia(파세이그 데 그라시아) 역에서 R11 열차를 타면 1시간 20분이 걸립니다. 그래서, 당일치기 여행하기 참 좋은 곳입니다.

지로나는 바르셀로나보다도 역사가 오래된 곳입니다. 로마인들이 거주하기 수백 년 전부터 이베리아 민족이 거주하였던 장소였습니다. 처음에 이곳은 게루나다라는 이름으로 불리었죠.

로마인들이 이베리아 민족을 정복하면서 성을 세우고 도시를 건설했습니다. 오늘날의 도시 형태의 모습이 만들어졌죠. 하지만 로마도 서고트 민족에 공격을 받아 멸망합니다. 그리고 서고트 민족에 의해 지로나라는 도시로 불리기 시작했습니다.

지로나는 25차례에 포위 공격을 받았고, 7번이나 함락된 역사를 가진 도시입니다. 한마디로 사연이 많은 도시이죠. 그 시간들 속에서 지로나의 다채로운 매력이 도시에 만들어졌습니다.

제가 바르셀로나 근교 여행지로 지로나를 추천하는 이유는 3가지입니다.

첫째는, 과거로 떠나는 시간 여행지이기 때문입니다. 다른 도시들보다 중세의 역사를 잘 보존하고 있어 과거 여행 같은 매력을 느낄 수 있죠. 특히 그런 장소가 지로나 대성당입니다. 로마시대에 작은 성당으로 시작된 이곳은 무어인들이 정복하면서 이슬람 모스크로 변하게 되었습니다. 그러다, 785년 프랑크 왕국의 샤를마뉴 황제가 지로나를 수복하면서 성당으로 다시 변하게 되었죠.

그때부터 가톨릭 국가들에 지원받은 지로나 성당은 리모델링을 거듭하였습니다. 11세기에는 로마네스크 양식, 14세기에는 고딕 양식, 17세기에는 바로크 양식이 더해졌죠. 가장 최근인 1960년에 이르러서 메인 파사드 조각이 만들어졌습니다.

성당의 내부는 유료로 입장이 가능한데요, 내부에서 볼 수 있는 가장 가치 있는 작품은 〈창조의 태피스트리〉입니다. 무려 1,000년 전에 로마네스크 양식으로 만들어진 작품이죠. 가로 4.7m×세로 3.65m에 천지창조의 이야기로 구성하여 만들어졌습니다. 이 작품이 1,000년 동안 존재할 수 있었던 것은 계속해서 복원작업을 하였기 때문입니다. 이와 같은 관심과 관리 덕분에 많은 분들의 사랑을 받는 대성당이 될 수 있었습니다.

창조의 태피스트리(Tapestry of Creation, 출처: wikipedia, 지로나)

하지만 지로나 대성당이 전 세계적으로 유명해진 건 2015년 9월이었습니다. 지로나에서 〈왕좌의 게임〉 시즌 6가 촬영이 되면서부터죠. 엑스트라 면접에만 수천 명이 몰리면서 도시가 마비될 정도였습니다. 이곳에서 철갑을 두른 창병들이 드라마 속 명장면을 촬영하였습니다. 왕좌의 게임 촬영 이후에 많은 여행자들이 이곳을 찾고 있습니다.

정말 중세시대의 한복판에 있는 것 같은 착각을 불러일으키는 멋진 성당을 보기 위해서 말이죠. 성당은 88개의 계단 위쪽에 우뚝 서서 자리 잡고 있습니다. 높은 위치에 있는 성당의 모습을 보면서, 성당을 중요시 여겼던 과거시대의 사람들의 마음을 느낄 수 있습니다.

성당 위쪽에서 바라보는 지로나의 노을 지는 모습은 영화의 한 장면보다 아름답습니다. 성당 종탑 위쪽에 풍향계는 이슬람군을 격퇴한 샤를마뉴 황제를 기념하면서 만들어졌습니다. 785년 이슬람의 지배를 받고 있던 지로나를 되찾는 데 가장 큰 영향을 준 인물이 바로 샤를마뉴 대제였기 때문입니다.

두 번째는, 유대인 지구입니다.

유대인들은 2세기경 스페인으로 대거 이주하였습니다. 왜냐하면 유대인들이 로마와의 전쟁에서 패배하였기 때문입니다. 그래서 이스라엘에서 쫓겨난 유대인은 전 세계로 흩어졌습니다. 그 중에 수많은 유대인이 스페인으로 이주하였죠. 그런 그들을 이베리아 반도에 살고 있는 유대인이라고 사람들은 불렀습니다. 짧게 줄여서 표현하면, '세파르딤'이라 불리었습니다.

그들은 나라를 잃은 상황에서도 자신들만의 신앙과 삶을 끊임없이 기록으로 남겼습니다, 그중 일부가 탈무드, 미드라시 기록을 통해 남겨 있지요. 그 흔적을 엿볼 수 있는 곳이 지로나에 있는 '유대인 박물관'입니다. 유대인 박물관 기록을 통해 지로나가 유대인들이 1,000년 이상 거주한 장소라는 걸 알 수 있습니다.

대성당 뒤편에 골목으로 내려가다 보면 '세파르딤'이라고 적혀 있는 히브리어를 만날 수 있죠. 그 표시를 통해 이베리아 반도로 넘어온 유대인들이 살았던 지구임을 알 수가 있습니다. 이와는 달리 독일 지역에 살았던 유대인들은 아슈케나짐이라고 불리었습니다.

그들은 정치 경제 사회 문화 역사 모든 영역에서 뛰어난 인재들이었고, 스페인의 지배층이 바뀔 때마다 꼭 필요한 자리에서 인정받으며 스페인에서의 부와 실력을 갖춘 존재들이었습니다. 그리고 이들은 그 누구보다 재정 능력에 탁월한 재능이 있었습니다. 그래서 이슬람 세력이 들어왔을 때나, 가톨릭 세력이 들어왔을 때나, 왕실의 보물 관리 및 재정을 담당한 것은 유대인이었습니다.

카탈루냐 지방에서 가장 많은 유대인이 살았던 곳은 바르셀로나와 지로나였습니다. 왜냐하면, 과거 시대에 두 도시는 무역을 중심으로 발전했기 때문입니다. 한마디로, 경제가 활발하게 발전하는 곳에는 반드시 유대인이 있었던 것입니다. 이렇게 유대인들은 스페인의 중요한 구성원이라는 사실을 유대인 박물관에서 확인할 수 있습니다.

하지만 스페인 국가의 통치자들이 유대인의 자유를 억압하기 시작하면서 비극은 시작되었습니다. 1492년 3월 가톨릭 왕들은 개종하지 않는 이교도들을 국외로 추방하겠다는 발표를 합니다. 가톨릭 외에 다른 종교는 받아들이지 않겠다고 말하였죠.

한 순간에 스페인은 종교의 자유를 억압하는 국가로 변하게 됩니다. 이와 같은 억압은 스페인에서 가장 똑똑한 인재를 잃어버리는 결과를 낳게 되었고, 수많은 유대인이 스페인 땅을 떠나게 됩니다. 유대인 추방 칙령이 나온 지 1년 후 세비야의 집세는 절반으로 떨어졌고, 바르셀로나의 시영은행들은 파산했습니다.

스페인에 있었던 대부분의 의사(유대인)도 스페인을 떠나게 됩니다. 세금을 징수하는 사람도, 주 납세자도, 은행가, 상인, 고리대금업자, 왕의 재정을 맡은 사람들까지 모두 유대인이었습니다. 가톨릭 국왕들은 종교의 통일을 위해 스페인의 두뇌들을 축출해 버리는 실수를 저질렀습니다.

스페인이 해가 지지 않는 제국을 만들고, 전 세계를 호령했던 시기가 있었습니다. 하지만 그 시기가 아주 짧을 수밖에 없었던 이유가 여기에 있습니다. 개방성의 상실. 가장 중요한 인재를 포기한 종교적 폐쇄성이 문제였습니다. 그래서 스페인의 전성기는 100년도 채 되지 못했습니다. 나라를 이끄는 것은 왕도 아니고 제도도 아니라는 생각을 스페인을 보며 하게 됩니다.

다양한 사람들이 자유롭게 교류할 수 있는 환경이 되는 곳에 좋은 인재가 모입니다. 좋은 인재가 많은 곳에 좋은 나라가 만들어진다고 생각합니다. 그리고 왜 로마는 오랫동안 번영했지만, 스페인은 오랫동안 번영하지 못했는지 알 수 있습니다. 다양한 문화와 생각을 존중하는 것. 그것이 로마가 세계적인 국가로 오랫동안 유지되었던 원동력이었습니다. 로마의 사고방식을 조금이라도 스페인이 받아들였다면 달라지지 않았을까요? 무적함대와 해가 지지 않는 제국은 더 오랫동안 전 세계에 영향을 주었을 것입니다.

세 번째는, 기원전 로마성벽입니다.

지로나에서 만날 수 있는 가장 오래된 건축물입니다. 그리고 지로나가 로마시대 때부터 얼마나 중요한 요충지인지 알 수 있는 공간이죠. 실제로 지로나는 이베리아반도의 주요 도시(세비야, 카디스)로 가는 물자들이 통과했던 곳입니다. 그렇기에 로마에서는 이 거점을 철저하게 관리하고 잘 보존할 필요가 있었습니다. 그래서 2,000년 전 성벽과 군사 기지를 설치하고 군사적 침략에 대비하였습니다. 그 흔적들을 성벽에서 확인할 수 있습니다.

14세기 후반 페드로 3세 국왕에 의해 성벽 보수 작업을 통해 철저히 재건

되었습니다. 그때 기존 로마 성벽을 기초로 사용하여서 빠르게 보수될 수 있었습니다. 그러나 이 공간은 16세기 도시가 확장하면서 성벽으로 둘러싸인 구역이 흡수되었습니다. 결과적으로 이전에 가지고 있던 군사적 가치를 잃어버리게 되었습니다. 현재는 성벽을 걸으며 주변 시골의 탁 트인 전망을 볼 수 있는 멋진 장소입니다. 다만, 한낮에는 햇볕을 피하기 어렵기 때문에 선글라스와 모자를 필수로 착용해야 합니다.

지로나는 그 외에도 오냐르강을 배경으로 해서 사진을 찍으면 풍경이 아름다운 곳입니다. 오냐르 강을 배경으로 파스텔톤의 집들과 함께 사진을 촬영하면, 피렌체인가 하는 착각이 들기도 합니다. 이탈리아 피렌체의 강위에 만들어진 베키오 다리의 모습과 유사성이 있습니다. 두 지역은 다르지만, 강의 위쪽에 다리를 만들어 도시를 연결해 주는 공통점이 있습니다. 피렌체가 더 멋있지만, 조용하고 따뜻한 감성의 지로나를 더 좋아합니다.

지로나의 여러 다리 중에 구스타프 에펠이 만든 에펠 다리를 구경하는 재미도 있습니다. 지로나 배경 사진을 찍기에는 근처에 있는 페드라 교 다리가 더 좋습니다. 하지만, 실제로 눈으로 보았을 때는 에펠 다리가 더 아름답습니다. 1877년 에펠이 만든 에펠 다리는 철을 통해 튼튼한 다리를 만들 수 있음을 증명한 작품입니다. 프랑스 파리에 있는 에펠탑보다 12년 전에 지로나에서 만들어진 에펠 다리는 현재도 많은 사람들이 찾는 명소입니다.

에펠 다리(지로나)

풍성한 식사 메뉴 델 디아

지로나는 단순한 지방 소도시가 아니라, 전 세계에서 가장 영향력이 있는 도시입니다. 왜냐하면, 세계 최고의 레스토랑이 있기 때문입니다. El celler de Can Roca(엘 세예르 데 깐 로까)는 스페인 최고를 넘어 세계적인 레스토랑입니다. 이곳은 Roca(로까) 3형제가 운영하는 레스토랑인데요. 첫째 조안은 요리, 둘째 조셉은 와인, 셋째 조르디는 디저트를 담당하고 있습니다. 미쉐린 3스타. 월드베스트 1위로 불릴 만큼 음식, 와인, 디저트가 훌륭한 곳입니다.

하지만, 이곳은 매년 1일 자정에 향후 11개월의 예약 사이트가 열리는데 오픈하자마자 순식간에 마감이 됩니다. 사실상 예약이 어려운 곳이라고 할 수 있는 셈이죠. 하지만, 꼭 미쉐린 레스토랑이 아니더라도 지로나에는 맛있는 음식점들이 많이 있습니다. 그중에 가격 좋고 맛도 좋은 합리적인 곳을 소개합니다.

Taverna D'El Foment(타베르낫 엘 포멘트) 레스토랑입니다. 스페인 여행 가시는 분들은 꼭 기억하면 좋은 게 있는데요. 그것은 메뉴 델 디아입니다. 평일 점심시간 런치 세트를 판매하는 문화입니다. 전식, 본식, 후식, 음료까지 모두 제공됩니다. 프랑코 장군 시절 점심 한 끼는 배불리 먹어야 한다는 문화를 만들었습니다. 그러한 문화가 현재까지 이어지고 있습니다. 그래서 스페인은 합리적인 가격에 평일 점심을 즐길 수 있습니다. 18유로에 샐러드, 빵, 메인요리, 디저트, 와인 또는 음료까지 즐길 수 있습니다. 스페인 가정식 백반 같은 음식과 분위기를 좋아하신다면, 추천해드립니다.

음식점(지로나)

디저트(아이스크림&커피)

지로나는 잠시 들려서 힐링할 수 있는 좋은 디저트 가게가 있습니다. 그 중에 2군데를 소개해 드립니다.

첫 번째는 Rocambolesc(로캄볼레스크)입니다. 이곳은 엘 세예르 데 깐 로까에서 디저트를 담당하는 조르디의 아이스크림 가게입니다. 오냐르강변 근처에 아기자기한 인테리어와 컬러풀한 소품들로 가게를 꾸며 두었습니다. 마치 영화 속 애니메이션 한 장면 같다는 느낌이 드는 매력적인 장소이죠. 가게 내부에서 다양한 토핑 들을 섞어서 자신만의 아이스크림을 만들어 먹을 수 있습니다. 재미도 있고 맛도 좋은 아이스크림을 만나 보시기 바랍니다.

두 번째는 Espresso Mafia Coffee(에스프레소 마피아 커피)입니다.

직접 로스팅한 원두로 제조한 커피가 일품인 곳입니다. 특히 에스프레소 한 잔을 먹자마자 느낀 묵직한 맛을 지금도 잊지 못합니다. 로마에서 가장 맛있게 먹었던 에스프레소와 비교해도 절대 부족하지 않은 맛이었습니다. 깊고 강렬한 원두의 진한 맛이 오래가는 매력적인 커피입니다.

에스프레소를 부담스러워하시는 분들에게는 플랫 화이트를 추천합니다. 카페라테보다 우유양이 적기 때문에 커피 본연의 맛을 제대로 느낄 수 있습니다. 에스프레소보다는 덜 진하기 때문에 부담이 적습니다. 지로나를 걷다가 당이 떨어졌을 때 케이크와 커피 한 잔의 여유를 가져 보시면 좋을 것 같습니다.

스페인에서 5년 동안 살면서 만났던 커피 중에 가장 맛있었던 곳입니다. 바르셀로나에도 훌륭한 커피집이 많지만 에프프레소 커피 마피아보다 더 좋은 곳은 찾을 수 없었습니다. 고대 중세 현대 시대를 건축으로 만나는 곳. 풍성한 식사를 통해, 스페인의 맛을 즐기는 곳. 디저트를 먹으며 쉼을

얻는 곳. 그곳이 바로 지로나입니다. 바르셀로나를 여행 중이시라면, 놓치지 마시기를 바랍니다.

스페인 여행을 하시는 분들이 한 번쯤 드셔 보면 좋을 만한 스페인 음식 7가지를 소개합니다.

1. 빠에야 (Paella)

빠에야는 스페인을 대표하는 음식 중 하나로, 발렌시아 지방이 원조입니다. 발렌시아 지방은 과거에 토끼가 많아서 토끼고기로 만든 빠에야가 만들어졌습니다. 그와는 달리, 바르셀로나는 해산물이 풍족한 지역이어서 해산물을 넣은 빠에야를 만들었죠. 빠에야의 뜻은 둥근 팬이라는 뜻을 가지고 있는데요, 팬 안에 쌀, 해산물, 채소, 샤프란을 넣고 20분 이상 끓여 만드는 음식입니다. 그래서, 주문하면 20분 이상 소요가 되기에 샐러드나 타파스를 먼저 드시는 게 좋습니다.

2. 타파스 (Tapas)

타파스는 작은 안주 또는 전채 요리입니다. 바(Bar)에서 음료를 주문하면, 서비스로 나갔던 안주요리에서 시작된 음식입니다. 바르셀로나와 마드리드는 이러한 문화를 찾기 어렵지만, 스페인 남부 그라나다 지역에 가면 여전히 음료만 주문해도 타파스를 제공해 줍니다. 주로 올리브, 치즈, 빠에야, 새우, 미트볼 등으로 구성됩니다. 대표적인 타파스 메뉴로 Gambas al ajillo(감바스 알 아히요, 올리브에 마늘과 새우를 볶은 요리)가 있습니다.

3. 하몬 이베리코(Jamon Iberico)

하몬은 스페인 사람들에게 가장 사랑받는 음식입니다. 한국으로 말하면 김치 같은 식품이죠. 오래 숙성할수록 고소하고 풍미가 깊어집니다. 최고의 하몬은 Jamon Iberico bellota 100%(하몬 이베리코 베요타)입니다. 이 하몬이 만들어지기까지 3년 이상의 시간이 소요됩니다. 최고급 흑돼지에게 도토리를 먹였기에 잡내가 없고 향이 좋습니다. 레드와인, 빵과 곁들여 먹으면 더 맛있게 하몬을 즐길 수 있습니다.

4. 핀초스 (pinchos)

핀초는 스페인 북부 바스크 지방에서 유래한 음식입니다. 빵 위에 음식을 올리고 이쑤시개로 고정하여 나오는 1인분 음식입니다. 타파스보다 더 작은 간식이라고 할 수 있죠.

스페인이 바(Bar)문화가 발전하면서 함께 꽃피운 음식이 핀초라고 이야기를 할 수 있습니다. 천천히 대화를 하면서 음료와 즐길 수 있기에 스페인에서 가장 사랑받는 음식입니다. 스페인 북부뿐 아니라 바르셀로나에서도 현지인들 사이에서 사랑받는 핀쵸거리가 있습니다. (Blai9, 구글에 검색하면 핀쵸거리가 나옵니다.) 핀초를 드실때는 주의사항이 있습니다. 핀초에 있는 이쑤시개를 버리면 안됩니다. 왜냐하면, 나중에 개수를 보고 계산을 해야 하기 때문입니다.

5. 츄러스 꼰 쵸콜라떼(Churros con Chocolate)

츄러스는 스페인에서 가장 대중적으로 사랑을 받는 음식입니다. 현지인들이 가볍게 아침에 식사처럼 즐겨 먹죠. 특히 다크 초콜릿으로 만들어진 쵸콜라떼에 갓튀긴 츄러스를 튀겨 먹는 것이 일반적입니다. 한국에서 설탕과 시나몬을 곁들여 파는 츄러스와 다른 매력이 있습니다.

스페인 남부는 포라스(porras)로 불리는 뚱뚱이 츄러스가 유명하고, 바르셀로나와 마드리드는 일반적인 츄러스를 판매합니다. 각 지역을 다니며 그 고장만의 츄러스를 먹어보셔도 좋을 것 같습니다.

6. 세크레토 이베리코(secreto Iberico, 이베리코 스테이크)

스페인 흑돼지에서 가장 맛있는 부위 중에 하나가 세크레토입니다. 비밀이란 뜻을 가지고 있죠. 숨기고 싶을 만큼 부드럽고 육즙이 풍부합니다. 특히 이베리코 돼지는 도토리를 먹고 자라기 때문에 잡내가 없고 고소합니다. 하몬과는 다른 매력의 이베리코 스테이크를 드셔보시기 바랍니다.

7. 샹그리아(Sangria)

스페인의 대표적인 칵테일인데요, 축제 후 남은 레드와인을 오래도록 보관하기 위해 만든 것에서 유래합니다. 레드 와인을 베이스로 하여 과일과, 브랜디, 탄산수를 섞어 만드는 음료입니다. 상큼하고 달콤한 맛이 특징이지만, 도수가 높은 편입니다.

샹그리아와 비슷하지만 도수가 낮고 여름에 인기 있는 음료가 있습니다. 띤토 데 베라노(Tinto de Verano)입니다. 레드와인에 레몬소다나 스프라이트를 섞은 음료이죠. 샹그리아보다 더 가볍게 와인을 즐길 수 있는 음료입니다. 그래서 여름와인라고 불리기도 합니다.

지로나	에펠다리→식사→유대인지구→지로나 대성당→로마성벽→디저트
명소	1. 에펠다리 2. 유대인지구 3. 지로나 대성당 4. 로마성벽
맛집	1. Taverna d'El Foment(타베르낫 엘 포멘트, 메뉴 델 디아 맛집) 2. Restaurant Probocador(레스토우란트 프로보카도르, 메뉴 델 디아 맛집) 3. Espresso Mafia Coffee(에스프레소 마피아 커피, 카페라떼, 꼬르따도 맛집) 4. Rocambolesc Gelateria(로캄볼레스크 젤라테리아, 젤라또 아이스크림 맛집)
맛집	바르셀로나 그라시아역에서 기차를 타고 1시간 20분이면 지로나 도착. 오래된 돌길이 많아 편한 운동화 추천. 드라마 <푸른바다의 전설> 촬영지. 미국드라마 <왕좌의 게임> 촬영지. 사진 촬영하기 좋은 소도시. 로마성벽에서 바라보는 노을이 멋진 도시. 골목 하나하나가 영화 같은 도시

아론의 여행 스페인어

(이것만은 꼭 알고 가자!)

1   Hola(올라)=안녕하세요.
2   Buenos dias(부에노스 디아스)=좋은 아침입니다.
3   Gracias(그라시아스)=감사합니다.
4   Como esta?(꼬모 에스타)=기분이 어떠세요?
5   Muy bien(무이 비엔)=매우 좋습니다.
6   Mas o menos(마스 오 메노스)=보통입니다.
7   Adios(아디오스)=안녕히 가세요.
8   Por favor(뽀르 파보르)=부탁드립니다.
9   Donde esta el Baño?(돈데 에스타 엘 바뇨?)=화장실이 어디에 있나요?
10 Agua por favor(아구아 뽀르 파보르)=물좀 주세요.
11 La carta por favor(라 까르타 뽀르 파보르)=메뉴판 주세요.
12 Que me recomienda?(께메 레꼬미엔다?)=추천 요리가 있나요?
13 Quiero mas(끼에로 마스)=더 주세요.
14 La cuenta por favor(라 꾸엔따 뽀르 파보르)=계산서 주세요.
15 Tarjeta?(따르헤타?)=카드로 결제하시나요?
16 Efectivo?(에펙티보?)=현금으로 결제하시나요?
17 Cuanto cuesta?(꾸안또 꾸에스타?)=얼마인가요?
18 Hay descuento?(아이 데스쿠엔토)=할인 가능한가요?
19 Ayuda!(아유다)=도와주세요!
20 Me duele la cabeza(메두엘레 라 까베사)=머리가 아파요.
21 Donde esta el hospital?(돈데에스타 엘 호스피탈)=병원이 어디에 있나요?
22 Cuanto tiempo se tarda?(꾸안또 띠엠포 세 따르다)=시간이 얼마나 걸리나요?
23 Uno(우노)=하나
24 Dos(도스)=둘
25 Tres(트레스)=셋
26 Cuatro(꾸아트로)=넷

야, 나도 가자! 스페인!